AUTORES:

**JOSÉ MARÍA CAÑIZARES MÁRQUEZ**
**CARMEN CARBONERO CELIS**

## COLECCIÓN OPOSICIONES MAGISTERIO: EDUCACIÓN FÍSICA

## UNIDADES DIDÁCTICAS INTEGRADAS EN EDUCACIÓN FÍSICA (UDI)
## GUÍA PARA SU REALIZACIÓN

## OPOSICIONES DE ACCESO AL CUERPO DE MAESTROS

**COLECCIÓN OPOSICIONES MAGISTERIO: EDUCACIÓN FÍSICA**

**José Mª Cañizares Márquez**

- Catedrático de Educación Física
- Tutor del Módulo del Practicum del Master de Secundaria
- Especialista en preparación de opositores
- Autor de numerosas obras sobre Educación y Preparación Física

**Carmen Carbonero Celis**

- D. E. A. en Instituciones Educativas
- Licenciada en Pedagogía
- Didacta del Módulo de Pedagogía General (CAP)
- Maestra de Primaria en centros de Ed. Compensatoria
- Especialista de Pedagogía Terapéutica en centros de Ed. Primaria e IES
- Autora de numerosas obras sobre educación, tanto en Ed. Primaria como en Secundaria.
- Publicaciones en Jornadas y Congresos Universidad de Sevilla

©Copyright: JOSÉ MARÍA CAÑIZARES MÁRQUEZ Y CARMEN CARBONERO CELIS
©Copyright: De la presente Edición, Año 2018 WANCEULEN EDITORIAL

**Título:** UNIDADES DIDÁCTICAS INTEGRADAS EN EDUCACIÓN FÍSICA (UDI). GUÍA PARA SU REALIZACIÓN

**Autores:** JOSÉ MARÍA CAÑIZARES MÁRQUEZ Y CARMEN CARBONERO CELIS

**Editorial:** WANCEULEN EDITORIAL
**Sello Editorial:** WANCEULEN EDITORIAL DEPORTIVA

**ISBN (PAPEL):** 978-84-9993-841-7
**ISBN (EBOOK):** 978-84-9993-842-4

**Impreso en España. 2018.**

**WANCEULEN S.L.**
C/ Cristo del Desamparo y Abandono, 56 - 41006 Sevilla
Dirección web: www.wanceuleneditorial.com y www.wanceulen.com
Email: info@wanceuleneditorial.com

Reservados todos los derechos. Queda prohibido reproducir, almacenar en sistemas de recuperación de la información y transmitir parte alguna de esta publicación, cualquiera que sea el medio empleado (electrónico, mecánico, fotocopia, impresión, grabación, etc), sin el permiso de los titulares de los derechos de propiedad intelectual. Cualquier forma de reproducción, distribución, comunicación pública o transformación de esta obra solo puede ser realizada con la autorización de sus titulares, salvo excepción prevista por la ley. Diríjase a CEDRO (Centro Español de Derechos Reprográficos, www.cedro.org) si necesita fotocopiar o escanear algún fragmento de esta obra.

# PRÓLOGO

El acceso a la función pública se caracteriza fundamentalmente por generar un proceso intenso y extenso en el tiempo de preparación del futuro docente. La actual estructura del sistema de oposiciones, los proyectos de cambio y la incertidumbre que acompaña a los mismos, hace que los autores sean sensibles a todo ello y aborden con rigor y profundidad la preparación de las quince Unidades Didácticas Integradas que siempre, en éste u otro número, van a estar en la exigencia curricular de las sucesivas convocatorias.

Es por ello que este libro sobre cómo realizar las UDI, se ofrece como referente válido por su gran capacidad de síntesis, por presentar unos contenidos prácticos actualizados y novedosos aunque sin olvidar los pilares clásicos que sustentan la teoría y ayudar a su exposición, en un encomiable buen hacer didáctico.

Ofrecen a quienes opositan una guía con propuestas de calidad en unas coordenadas ajustadas a los criterios de evaluación de los tribunales. Es de fácil acceso a la consulta por tener formato libro, con bibliografía y webgrafía actualizada. Esto permite a cada persona interesada individualizar su propuesta y que ésta sea muy creativa y original.

Los autores reúnen un amplio bagaje conceptual y práctico ya que han trabajado en todas las etapas y han transitado por toda la oferta educativa (Primaria, Especial, Compensatoria, Secundaria, Bachillerato, Formación de Técnicos Deportivos, y Universidad), aportando sus conocimientos e investigaciones tanto en la Educación Física como en la Psicopedagogía y Didáctica. También poseen una dilatada experiencia en la preparación de oposiciones.

En cuanto a investigación educativa tienen publicados numerosos libros, videos, así como ponencias y comunicaciones en Jornadas y Congresos.

En resumen, un magnífico volumen actualizado a 2018 y válido no sólo para personas que desean opositar, sino, dada su variedad temática, muy interesante para estudiantes de Magisterio en general y para docentes en ejercicio.

Recibid mi felicitación.

*J. Ignacio Manzano Moreno*

- Licenciado en Educación Física
- Presidente del C.O.L.E.F. de Andalucía
- Miembro del Consejo Andaluz del Deporte
- Profesor del CEU-S. Pablo. Universidad de Sevilla
- Asesor de Educación Física del CEP de Sevilla

# ÍNDICE

PRÓLOGO ........................................................................................ 5

INTRODUCCIÓN ............................................................................... 9

**1ª PARTE: FUNDAMENTOS TEÓRICOS. DISEÑO. COMPONENTES. ....... 13**

    1.- FUNDAMENTOS TEÓRICOS DE LAS UNIDADES DIDÁCTICAS INTEGRADAS (UDI) ...................................................................... 15
    2.- DISEÑO DE LAS UNIDADES DIDÁCTICAS INTEGRADAS ........ 16
    3.- FASES EN LA ELABORACIÓN DE LAS UDI ............................. 17
    4.- COMPONENTES DE LA UNIDAD DIDÁCTICA INTEGRADA ..... 17
    5.- ÍNDICE DE LA ESTRUCTURA DE LA PROPUESTA DE MODELO DE UDI ............................................................................................ 18
    6.- EJEMPLO-TIPO DE UDI PARA INCLUIR EN LA PROGRAMACIÓN DIDÁCTICA ..................................................................................... 61

CONCLUSIONES .............................................................................. 64

BIBLIOGRAFÍA .................................................................................. 64

WEBGRAFÍA ..................................................................................... 67

**2ª PARTE: ANEXOS LEGISLATIVOS DE APOYO A LA REALIZACIÓN DE LAS UDI ............................................................................................ 69**

    1.- CRITERIOS DE EVALUACIÓN DE LA UDI QUE HAN VENIDO APLICANDO LOS TRIBUNALES ..................................................... 73
    2.- OBJETIVOS DE LA ETAPA PRIMARIA ...................................... 75
    3.- OBJETIVOS DEL ÁREA O ASIGNATURA DE EDUCACIÓN FÍSICA A CONSEGUIR A LO LARGO DE LOS SEIS CURSOS DE LA ETAPA PRIMARIA ...................................................................................... 76
    4.- EJEMPLOS DE RELACIONES ENTRE EDUCACIÓN FÍSICA Y LOS ELEMENTOS TRANSVERSALES ............................................ 76
    5.- EJEMPLOS DE RELACIONES ENTRE EDUCACIÓN FÍSICA Y OTRAS ÁREAS Y ASIGNATURAS ................................................... 81
    6.- EJEMPLOS DE RELACIONES ENTRE EDUCACIÓN FÍSICA Y COMPETENCIAS CLAVE.. ............................................................... 85
    7.- CRITERIOS DE EVALUACIÓN Y ESTÁNDARES DE EDUCACIÓN FÍSICA ............................................................................................ 88
    8.- CRITERIOS DE EVALUACIÓN Y ESTÁNDARES DE LENGUA CASTELLANA Y LITERATURA ........................................................ 90
    9.- CRITERIOS DE EVALUACIÓN Y ESTÁNDARES DE CIENCIAS SOCIALES ..................................................................................... 90
    10.- CRITERIOS DE EVALUACIÓN Y ESTÁNDARES DE MATEMÁTICAS ............................................................................... 90

11.- CRITERIOS DE EVALUACIÓN Y ESTÁNDARES DE CC. DE LA NATURALEZA .................................................................................. 90

12.- CONTENIDOS DE EDUCACIÓN FÍSICA Y SU SECUENCIACIÓN ............................................................................... 91

13.- CARACTERÍSTICAS DE LAS EDADES PROPIAS DE LA ETAPA PRIMARIA ........................................................................................ 97

# INTRODUCCIÓN.

Este **quinto volumen** completa a los anteriores dedicados al Temario (versión extensa y resumida), Programación Didáctica y Casos Prácticos. El actual sobre cómo hacer las UDI, se complementará en un futuro muy próximo con el siguiente dedicado a cómo preparar y realizar la **exposición oral** de las mismas en la oposición.

Esta Guía se ajusta a las normas de la Convocatoria de Andalucía 2015 y 2017 y que serán similares para la del 2019 y las sucesivas, aunque tendremos que **adaptarla** a los aspectos formales que nos soliciten.

Si **resumimos** lo concerniente a las Unidades Didácticas Integradas (UDI) expuesto en las últimas convocatorias, aquéllas deben ir, en un número de 15 (aunque la **tendencia** es a **disminuir** esta cifra), incluidas en la Programación Didáctica a entregar, todo ello escrito utilizando un procesador de textos, con letra Times New Roman 12 sin comprimir o similar, y no suponiendo más de 50 páginas en su totalidad.

"Deberán entregarse al Tribunal el día del acto de presentación y se defenderá la Programación Didáctica y se expondrá la UDI ante el mismo en el momento en el que se convoque a tal efecto al personal aspirante". "Para **exponerla**, el opositor elegirá una Unidad entre tres extraídas al azar por él mismo de su programación. Dispondrá de una hora para su preparación, pudiendo utilizar el material que considere oportuno, sin posibilidad de conexión con el exterior, por lo que no se podrá utilizar ordenadores portátiles, teléfonos móviles o cualquier otro dispositivo informático o electrónico. A tal efecto, el Tribunal velará por el cumplimiento de estos extremos".

"En su elaboración deberán concretarse los objetivos, contenidos, tareas, actividades y ejercicios que se van a plantear en el aula (tareas, actividades, ejercicios), los procedimientos de evaluación: criterios y estándares de aprendizaje, herramientas de evaluación (rúbrica), indicadores, tipos de pensamiento o procesos cognitivos implicados, contextos y la atención al alumnado con necesidades específicas de apoyo educativo".

"Para su exposición, el opositor podrá utilizar el material auxiliar sin contenido curricular que considere oportuno, que deberá aportar el mismo, así como un guión que no excederá de una cara de un folio y que deberá entregar al Tribunal al término de la exposición. El referido material auxiliar servirá para apoyar la exposición mediante la utilización de recursos didácticos no electrónicos ni susceptibles de reproducción electrónica. En todo caso, los órganos de selección velarán por que dicho material auxiliar no implique una desigualdad de trato en el desarrollo de esta parte del procedimiento selectivo".

"La exposición de la UDI tendrá una duración máxima de 30 minutos. El Tribunal valorará en esta prueba la exposición clara, ordenada y coherente de los conocimientos del personal aspirante, la precisión terminológica, la riqueza léxica, la sintaxis fluida y sin incorrecciones, así como la debida corrección ortográfica en la escritura".

De todas maneras, debemos **ajustar** nuestro trabajo realizado a lo que realmente nos **pida** la Orden de **Convocatoria** que presentemos y expongamos.

En la **realización** de la **Guía** hemos **seguido**:

1. La **legislación** básica a nivel nacional y autonómico (Andalucía), aunque adaptable al resto de las comunidades autónomas. Todo ella emana de la modificación que hace de la LOE/2006 la LOMCE/2013.

2. Lo expresado por los **documentos** del Proyecto de Integración de las Competencias Básicas en Andalucía (**PICBA** - CEJA) y del Centro Nacional de Innovación e Investigación Educativa (**CNIIE** - MEC). Igualmente, algunos de los trabajos de los docentes asistentes a los mismos y que están en la web de la Consejería de Educación de la Junta de Andalucía. Por ejemplo:

    -http://www.juntadeandalucia.es/averroes/centros-tic/29011588a/helvia/sitio/upload/3

    - http://cursoabpcepmotril.wikispaces.com/file/view/UDIPROYECTOMBELEN

3. El libro "*Guía sobre buenas prácticas docentes para el desarrollo en el aula de las competencias básicas del alumnado*", editado por la CEJA en 2012.

4. Las normas que la CEJA indica en su documento publicado dentro de la Plataforma Averroes, centros TIC: http://www.juntadeandalucia.es/averroes/centros-tic/29003397/helvia/sitio/upload/CRITERIOSGENERALESPARALAELABORACIONDELASPROGRAMACIONESDIDACTICAS1.pdf

5. Los propios **criterios de evaluación** de los **tribunales** en las oposiciones al Cuerpo de Maestros en Andalucía de **2015**, que especifican si el opositor ha tratado los **elementos** que estructuran las UDI, y que adjuntamos en la segunda parte de este mismo volumen. Fueron aportados por la propia Consejería a modo de "guía" sobre los criterios de evaluación a seguir los tribunales en las oposiciones de dicho año.

6. Las **experiencias** de los **autores** en su actividad diaria.

**Nuestro objetivo** es ofrecer una manera práctica y secuencial de realizar las 15 UDI que nos pide la Convocatoria, con todos sus elementos curriculares precisos y que, además, presenten una coherencia o relación interna que permita una exposición oral exitosa.

Las Unidades a realizar en un curso están en función de los diversos apartados tratados en la Programación Didáctica. Así, tenemos que entender las UDI como la **concreción** de aquélla a través de quince "capítulos" (o los que pida en su momento la Orden de la Convocatoria) relacionados entre sí.

Una persona opositora sin experiencia en la preparación posiblemente se "agobiará" ante el reto que le supone hacer las quince UDI, coherentes al mismo tiempo con una Programación Didáctica "imaginaria", no real, a partir de un contexto muchas veces inexistente y donde aplicará unos objetivos, contenidos, etc. totalmente teóricos.

Se suele acudir a un centro escolar a consultar el Plan de Centro y sus contenidos curriculares, incluyendo las posibles UDI, si es que estuviesen redactadas, y posiblemente la confusión sea mayor. A veces se termina por comprar o pedir prestada una programación cualquiera y sus Unidades que tuvieron éxito en una convocatoria anterior, o por presentar la estándar que les dan en una academia. El problema es que ese trabajo sea ya "conocido" y circulen muchas copias.

Esta **Guía** pretende ser un documento **aclaratorio** y **vertebrador** del diseño de las quince Unidades Didácticas Integradas, una ayuda para superar el proceso de Acceso a la Función Pública. Presenta muchas posibilidades de **personalización**, por lo que va a constituir un trabajo **original y propio** con las ventajas que conlleva. Sobre todo, si el Tribunal nos hace determinadas preguntas sabremos salir airoso de las mismas, porque para eso lo hemos trabajado.

Exponemos herramientas y estrategias para que cada interesado las personalice y extraiga el máximo provecho, resultando un trabajo **original y propio** con las ventajas que conlleva. Para ello hemos **dividido** el trabajo en **dos** partes:

**1ª Parte**.- Fundamentación teórica, qué son y lo que significan las Unidades Didácticas Integradas. Cómo se diseñan. Sus componentes. Un ejemplo-tipo genérico.

**2ª Parte**.- Relación resumida de los elementos curriculares oficiales para facilitar el diseño de las UDI.

Los autores entendemos que la persona que oposita tiene que basarse para la realización y exposición oral de las UDI, en una parte "fija" similar para todos y otra "variable" al resto de los opositores.

a) **Fija**. Compuesta fundamentalmente por los **textos legislativos adaptados** al contexto, curso, etc. No debe variar mucho de uno a otro opositor porque están recogidos del currículum oficial, aunque apropiados a las características del grupo de referencia que hayamos expresado en la Programación Didáctica.

b) **Variable**. Basada en la creatividad, calidad y **riqueza** expositiva del propio opositor/a, sobre todo la hora de explicar ante el Tribunal cómo va a llevar a cabo lo expresado en la UDI que éste tiene sobre su mesa. Es lo que popularmente conocemos como "tablas" y que incluye el uso de la pizarra y medios multimedia si éstos son factibles de usar. Pero, independientemente de ello, normalmente nos permiten aportar "**anexos**" para ilustrar, aseverar y complementar nuestro discurso expositivo. Éstos los hemos incluido en el siguiente y último libro de esta "Colección Oposiciones", dedicado a cómo hay que exponer las UDI ante el Tribunal.

En cualquier caso, lo más importante es **respetar** escrupulosamente las condiciones de la Orden de la Convocatoria y las propias indicaciones de nuestro Tribunal, sobre todo el número máximo de **páginas** a presentar y el **tiempo** límite de la exposición oral, pero siempre teniendo como referente los criterios de evaluación que nos vayan a aplicar.

El **valor** que tiene la exposición de la UDI ha sido variable en las últimas convocatorias. A modo de orientación indicamos que en la Convocatoria de Andalucía 2015, los porcentajes fueron:

**1. Fase de Oposición: 2/3 de la nota final**:

- Prueba escrita del tema: valor 50% nota 1ª prueba. Mínimo un 5.
- Prueba escrita práctica: valor 50% nota 1ª prueba. Mínimo un 5.
- Programación y su defensa: valor: 30% de la 2ª prueba. Mínimo un 5.
- **UDI: valor: 70% de la 2ª prueba. Mínimo un 5.**

**2. Fase de Concurso: 1/3 de la nota final**: Méritos: puntos por expediente académico; otros estudios (grado, idiomas, etc.); tiempo servicios prestados, etc.

No obstante, todo dependerá de lo que nos indique en su día la Orden de la Convocatoria.

Tal y como hicimos en los volúmenes anteriores de la colección, ofrecemos la siguiente dirección de correo por si cualquier lector o lectora desea ponerse en contacto con los autores para formularnos cualquier pregunta o sugerencia.

**oposicionedfisica@gmail.com**

**¡Suerte!**

# 1ª PARTE:

## FUNDAMENTOS TEÓRICOS. DISEÑO. COMPONENTES.

## 1.- FUNDAMENTOS TEÓRICOS DE LAS UNIDADES DIDÁCTICAS INTEGRADAS (UDI).

Las Unidades Didácticas Integradas (UDI) son un cuerpo secuenciado y organizado con una serie de elementos, una propuesta de trabajo conforme a un proceso de enseñanza/aprendizaje completo y por competencias (Moya y Luengo, 2011). Es un vehículo de planificación del cometido escolar diario que facilita la intervención de la maestra o del maestro, habida cuenta le permite organizar su práctica docente para sistematizar los procesos de enseñanza/aprendizaje de calidad, y con la ayuda pedagógica precisa al grupo y a cada componente del mismo. Concretamente, el CNIIE (MECD), nos indica que *"es un instrumento de planificación que define las condiciones que permitirán generar las experiencias educativas para el aprendizaje de las competencias clave. Llamada integrada por relacionar todos los elementos curriculares"*.

Enseñar por competencias es "enseñar a hacer". Los contenidos se obtienen al aprender a poner en práctica las acciones recogidas en los criterios de evaluación, siendo las UDI la forma didáctica más adecuada a la hora de enseñar por competencias.

Así pues, las UDI pretenden ser una respuesta eficaz a la necesidad de construir un currículo integrado para facilitar el aprendizaje competencial. Precisamente, el concepto de "integrada" es debido a que **relaciona** todos los elementos curriculares y a varias áreas y asignaturas, integrando además todos los tipos de saberes.

Para el diseño de UDI que proponemos, tomamos como referencia el modelo propuesto por los Programas de Formación **PICBA** (CEJA) y **COMBAS** (MECD), si bien hemos introducido algunas **observaciones** para completarlo, incluyendo el llamado "modelo oficial de UDI", que la CEJA comunicó a los tribunales en las oposiciones de Junio de 2015. En esta muestra podemos ensamblar eficazmente los niveles de integración que favorecen el aprendizaje competencial y, además, se logra alcanzar un equilibrio entre sus **elementos constitutivos** a dominar:

a) Presentación/Identificación.
b) Concreción curricular.
c) Transposición didáctica.
d) Valoración de lo aprendido.
e) Colaboración con las familias.

Por lo tanto, durante un tiempo previamente calculado realizamos un conjunto de actividades para alcanzar unas competencias y lograr unos objetivos. A través de la UDI damos respuesta a todos los elementos curriculares al uso: competencias clave, objetivos, contenidos, tareas, actividades y ejercicios, metodología -que incluye a la organización, los recursos y los espacios-, atención a la diversidad, evaluación, etc. (Del Valle y García, 2007).

Debe ser una estructura con **total relación** entre sus componentes. Esto lo podemos conseguir si diseñamos desde un principio un "**eje articulador**" de la Unidad, que presentamos al alumnado como "tarea a conseguir" al inicio de la UDI y que una vez concluida se denomina "**producto social relevante**", según definición del CNIIE. Por ejemplo, la grabación de una coreografía para subirla en la web del centro; colocación de maquetas en la entrada del CEIP o de pósteres en los pasillos, etc.

## 2.- DISEÑO DE LAS UNIDADES DIDÁCTICAS INTEGRADAS.

La realización de quince UDI (o la cantidad que la Orden de la Convocatoria establezca), es la segunda parte de la Programación Didáctica a presentar, por lo que van íntimamente **ligadas** a ésta y, por ende, al Proyecto Educativo del Centro de referencia.

La UDI se articula alrededor de una serie de elementos curriculares, que iremos desglosando a partir de ahora, y que dan respuesta a:

a) Qué, cómo y cuándo enseñar.
b) Qué, cómo y cuándo evaluar cada uno de los elementos curriculares de la UDI.

A la hora de diseñarlas, generalmente estamos condicionados por una serie de factores que ya hemos considerado previamente en la Programación Didáctica. Por ejemplo, el contexto; el alumnado al que se destina, su nivel y si hay algunos con déficit de algún tipo; los recursos disponibles y su número, -sobre todo en Educación Física donde son tan determinantes-; metodología, etc. También, por su extensión en cuanto al número de página y por su **exposición** oral ante el **Tribunal**, incluyendo los **anexos**, si nos los permiten.

En esta parte vamos a explicar **cómo diseñarlas** a partir de una serie de componentes o **elementos** que la configuran. Estos buscan, fundamentalmente, la operatividad en cuanto a:

- Idoneidad pedagógica.
- Adecuación a las condiciones de la Convocatoria: número de páginas, factores que la integran, claridad, etc.
- Nuestra propia facilidad para su posterior exposición oral.
- Revisión de su disposición, su coherencia interna.

Tenerlas perfectamente desarrolladas significa la **simplificación** del trabajo durante la **hora** de **repaso** o preparación existente antes de su **exposición** ante el Tribunal.

Por otro lado, debemos considerar el aspecto de la **interrelación** entre sus componentes, es decir, la concordancia evidente y directa, sobre todo a la hora de tenerla que exponer ante el Tribunal, de las competencias con los objetivos, con los contenidos y las tareas/actividades/ejercicios, la idoneidad de los criterios de evaluación, etc.

También debemos observar que la UDI no es un elemento suelto; acompaña a otras anteriores y posteriores que conforman los contenidos de la programación anual.

En cualquier caso, las **programaciones** de todas las áreas **incluirán** actividades en las que el alumnado deberá **leer**, **escribir** y **expresarse** de forma oral (D. 328/2010).

Entendemos que estas orientaciones son las justas para que, si se hacen bien, el opositor u opositora saque una **excelente nota**.

Ahora, en el siguiente punto, y tras **analizar** brevemente sus **dos fases**, iremos viendo los elementos curriculares que son obligatorios contemplar en la UDI, dado los

**condicionantes** de la Convocatoria basados en la legislación actual, sobre todo en la O. 17/03/2015, por lo que **son prescriptivos**, al menos en Andalucía.

## 3.- FASES EN LA ELABORACIÓN DE LAS UDI.

Distinguimos **dos** fases:

a) **Condiciones previas**:

- **Contexto** donde la vamos a aplicar: tipo de alumnado y su competencia curricular previa (cursos y/o UDI anteriores), edades, ratio, características psicoevolutivas, recursos disponibles, así como alumnado con necesidades específicas de apoyo educativo. Debe ya venir **marcado** desde la **programación didáctica** presentada, para delimitar la unidad de la forma más realista, y adecuada posible. En muchas ocasiones, en la **defensa** de la misma hacemos **referencias** a aspectos generales y/o concretos de las UDI.
- **Aspectos didácticos**. Su vinculación con el Proyecto Educativo del Plan de Centro. Estará ya recogido en la programación.

b) **El propio diseño de las Unidades Didácticas Integradas**.

- Precisar todos los **detalles ordenadamente**: datos de identificación de la UDI, introducción y tarea integrada, áreas a tratar además de Educación Física, criterios de evaluación, indicadores, objetivos, contenidos, metodología inductiva o deductiva, actividades y ejercicios, adaptaciones, evaluación del aprendizaje, etc.
- Todo ello está mediatizado por si vamos a tener en cuenta algún **eje temático** o centro de interés, o si forma parte de un **proyecto integrado**, etc. En este sentido, tendremos muy **en cuenta** lo que nos indica al respecto la O. ECD/65/2015, de 21 de enero.
- Prestar máxima atención a los condicionantes, sobre todo en cuanto al **número** máximo de **páginas**, que nos indique la Orden de la Convocatoria, así como el **número** de **UDI** a presentar.

## 4.- COMPONENTES DE LA UNIDAD DIDÁCTICA INTEGRADA.

Ya citamos en el primer punto en qué fuentes nos basamos, si bien nuestros principales indicadores deben ser los criterios que la CEJA estableció para las oposiciones de Magisterio en 2015 en Andalucía y en otras comunidades, como Castilla-La Mancha y Extremadura, en 2016.

También, desde un principio, debemos **preocuparnos** por la relación **diseño/espacio** que nos va a ocupar, de ahí que hemos optado por el que creemos más adecuado, dadas las restricciones en cuanto al número de páginas que nos permite la convocatoria habitualmente. Todo lo que sea **excedernos de dos páginas por UDI** es crearnos problemas, siempre que el máximo número que nos permitan sean 50 páginas, sumando programación y UDI.

## 5.- ÍNDICE DE LA ESTRUCTURA DE LA PROPUESTA DE MODELO DE UDI

Enumeramos ahora el **índice** de los apartados que llevan las UDI y que citamos en el punto 1 de páginas anteriores. **Posteriormente** desarrollamos cada uno detalladamente.

### A) PRESENTACIÓN/IDENTIFICACIÓN

1. Numeración y otros datos identificativos.
2. Título de la UDI.
3. Introducción-Justificación, con referencia al contexto donde la apliquemos y áreas enlazadas. Su relación con los objetivos para el curso recogidos en la P. Didáctica.
4. Diseño de la tarea integrada. Presentación genérica de lo que queremos hacer.

### B) CONCRECIÓN CURRICULAR

1. Criterios de evaluación.
2. Objetivos de la Etapa y del área o asignatura de Educación Física para la Etapa con los que se relaciona la UDI.
3. Objetivos de otras áreas/asignaturas que tratamos al trabajar la UDI.
4. Objetivos propios de Andalucía, si procede, relacionados con la UDI.
5. Objetivos didácticos. Su relación con los indicadores y las CC. Clave.
6. Contenidos. Incluye referencias a los propios de Andalucía, si procede.
7. Elementos transversales.
8. Competencias Clave que desarrollamos con la UDI.

### C) TRANSPOSICIÓN DIDÁCTICA.

1. Tarea/s.
2. Actividades.
3. Ejercicios.
4. Atención a la diversidad.
5. Actividad/es final/es. Tarea integrada terminada o producto social relevante.
6. Procesos cognitivos implicados o tipos de pensamientos que desarrollamos con las actividades.
7. Metodología.
8. Agrupamientos.
9. Contextos o ámbitos y escenarios.
10. Recursos.
11. Temporalización.

### D) VALORACIÓN DE LO APRENDIDO.

1. Estándares de aprendizaje evaluables relacionados con los criterios de evaluación y objetivos.
2. Indicadores de logro.
3. Rúbricas o Matrices de evaluación para valorar el aprendizaje.
4. Criterios de calificación.
5. Evaluación de la práctica docente (la acción didáctica).
6. Autoevaluación de la UDI.
7. Coevaluación.

### E) COLABORACIÓN CON LAS FAMILIAS.

1. Procesos de implicación de las familias en el desarrollo de la UDI y comunicación durante el proceso.

**FUENTES DOCUMENTALES UTILIZADAS.** Señalar las fuentes que hemos usado para su confección, como textos bibliográficos, legislativos y multimedia.

## EL MODELO DE UDI, PASO A PASO

### A) PRESENTACIÓN/IDENTIFICACIÓN

Lo primero es consignar las referencias más genéricas en cuanto a su número de orden, curso, ubicación temporal y razonar la inclusión de la UDI. Es decir, **mostrar y definir** la UDI indicando desde un principio su temática, si bien muchas veces viene dada por la tarea/producto a realizar.

#### 1. Numeración y otros datos identificativos.

Es imprescindible para el sorteo e identificación de la misma. Los nervios pueden traicionarnos si no la señalamos bien.

Debe coincidir con lo expresado en el índice y en la temporalización de la Programación Didáctica. En realidad, refleja el lugar que ocupa la UDI dentro de la programación del curso y la conexión que establece con los aprendizajes anteriores y posteriores.

Otros datos que deben aparecer en el diseño de la ficha de la UDI son el **ciclo/curso/grupo** donde la aplicamos, la **temporalización**, bien el trimestre, bien la quincena, o ambos. El **área/asignatura**[1] que, evidentemente, siempre será predominante la de Educación Física y, si acaso, las otras que están también implicadas, así como el **número** de **sesiones** que comprende. En este sentido y, dadas las condiciones de las últimas convocatorias, suelen ser entre cuatro y cinco sesiones por UDI.

#### 2. Título de la UDI.

Es muy variado. Puede ser conceptual o específico, como "jugamos a la pelota"; atractivo, por ejemplo, "nos vamos al campo"; insustancial como "el aro"; creativo e indagatorio, por ejemplo "¿cómo hablamos con la boca cerrada? En todo caso aconsejamos sea un título directo, corto y que, por supuesto, sea fácilmente comprensible por el Tribunal a modo de "tarjeta de presentación" de la UDI.

#### 3. Introducción-Justificación, con referencia al contexto donde la apliquemos y áreas enlazadas. Su relación con los objetivos para el curso recogidos en la P. Didáctica.

Se trata de expresar unas notas palmarias y firmes sobre lo que vamos a elaborar. El Tribunal, tras su lectura o nuestro propio comentario en la exposición, no tendrá dudas sobre lo que vamos a desarrollar. Podemos describir con una pequeña

---

[1] Usamos indistintamente ambos términos porque el R. D. 126/2014 no contempla contenidos para Educación Física por tratarse de una **asignatura** específica, pero la O. 17/03/2015, indica que para alcanzar las competencias en el **área** de Educación física, los contenidos se organizan en torno a cuatro bloques.

frase el tema o contenido general de la UDI. Por ejemplo "juegos de coordinación con globos y picas".

Hay que tener en cuenta varios aspectos: capacidad del alumnado, los objetivos a conseguir, etc. No olvidar que se trata de un **proceso** de enseñanza-aprendizaje **enlazado** y completo, además debe estar situado en un **contexto** concreto.

En cualquier caso, las referencias al contexto serán mínimas porque ya la debemos haberlo especificado con más o menos generosidad durante la defensa de la programación.

**No hace falta** poner la edad y sus características psicobiológicas porque ya está expresado en la Programación Didáctica desde un principio, pero sí podemos destacar su relación con estos momentos del desarrollo psico evolutivo del grupo. (Ver las características psico biológicas por edades/ciclo en la segunda parte de este volumen).

La línea a seguir a la hora de argumentarla es relacionarla con los **objetivos** de **Etapa**, área/asignatura o con los propios objetivos para el curso que hemos concretado en la Programación Didáctica. No se trata de describirlos, simplemente marcarlos, por ejemplo "relacionada con los Objetivos de Etapa j, k, así como los de área/asignatura 2 y 6, así como con los números 4 y 16 para el curso".

De igual manera podemos proceder con respecto a las **Competencias Clave** que tratamos a lo largo de la UDI, acreditándolo con algún ejemplo.

También, en este apartado podemos mencionar alguna rutina para relacionarla con las **demás Unidades**. Por ejemplo, "está relacionada con las Unidades de igual temática de cursos anteriores y las previstas para 6º".

Otra línea a considerar en este apartado es la del valor y **relevancia del producto final** en el contexto para la que la hemos programado, especificando la participación del alumnado en la práctica social principal que implica su desarrollo.

Igualmente, para ello podemos ayudarnos de los comentarios que hace en sus primeros párrafos el Punto 4, Desarrollo Curricular (D.C.), apartado "orientaciones y ejemplificaciones" de la O. 17/03/2015 (págs. 498-537 de BOJA nº 60, de 27/03/2015), aunque deberemos parafrasearlo.

Otra opción a considerar en el apartado de la Introducción es justificar **por qué** la tratamos y ahora, en este momento del curso, su significancia para ello. Planteamos algunos ejemplos para que cada persona interesada tenga donde elegir:

- UDI de iniciación a los deportes

    o La presencia del juego deportivo en nuestro contexto y en la juventud en particular.
    o La presión social que tiene el joven sobre los deportes: prensa, radio, televisión, Internet, publicidad, modas en vestido-calzado-atrezzo.
    o A través del deporte tener conductas saludables, hábitos de higiene, etc.
    o Dar contenido saludable al tiempo libre.
    o Transferir las habilidades básicas y genéricas al aprendizaje de las específicas o deportivas. El juego pre-deportivo.

- UDI de expresión corporal

    - Aplicación a los bailes de salón.
    - Utilidad de los bailes populares como elemento de la cultura lúdica popular.
    - Ritmo.
    - Juego dramático y su posible representación en público.

- UDI sobre habilidades perceptivo-motrices (motricidad de base/elementos psicomotores básicos)

    - Las habilidades perceptivo motrices constituyen la base de la motricidad. El conocimiento corporal, del espacio y tiempo tiene en Primaria su edad crítica más favorable para su correcto aprendizaje.
    - Los factores sociomotores que implica su trabajo en grupo.
    - Su conexión con los aprendizajes básicos escolares (lecto/escritura).
    - Importancia del dominio de la lateralidad.
    - Las percepciones son la gran base para futuros aprendizajes deportivos.

- UDI sobre cualidades coordinativas

    - Coordinación general. Importancia en la construcción de acciones complejas. Su relación con las habilidades básicas.
    - Coordinación óculo-segmentaria. Su correspondencia con las manipulaciones de objetos y las destrezas básicas.

- UDI sobre el juego popular-alternativo-cooperativo...

    - El juego como metodología.
    - El juego como lenguaje para llegar al aprendizaje infantil.
    - Las interacciones a través de la actividad lúdica.
    - El juego en el tiempo libre, su práctica saludable.
    - Uso de las TIC/TAC para investigar juegos del pasado.
    - Rescatar de la memoria de nuestros mayores juegos autóctonos olvidados hoy día.

- UDI sobre la habilidad y destreza motriz básica y genérica

    - Juegos simples de carrera, saltos, lanzamientos y recepciones...
    - Juegos con recursos móviles muy variados.
    - El juego popular como medio para el desarrollo de las habilidades genéricas.

- UDI sobre salud

    - Concienciar acerca de tener hábitos higiénicos en clase.
    - Importancia de la dieta, rehidratación, precauciones, equipación, etc.
    - Calentamiento, estiramiento, relajación...

En cualquier caso, el comentario que hagamos en este apartado debe ser muy escueto. Primero, porque después tocaremos todos los aspectos citados: competencias, objetivos, etc. Segundo, porque el espacio es muy pequeño y no nos podemos extender. Y tercero, porque se trata de **introducir**, no de desarrollar o exponer.

**4. Diseño de la tarea integrada. Presentación genérica de lo que queremos a hacer.**

Es preciso dar a conocer la estructura de la/s **tarea/s integrada o relevante** a realizar. Dado el número de sesiones de las UDI que la Orden de Convocatoria nos exige, normalmente será **una única tarea** a presentar por cada UDI, aunque también pueden ser varias. Debe totalizar conocimientos, habilidades y destrezas de **todas las áreas**. Por ejemplo, elaborar un póster sobre la habilidad básica de la reptación y su semejanza con este tipo de desplazamiento de los animales; construir pelotas para hacer los juegos malabares prácticos, etc.

## B) CONCRECIÓN CURRICULAR

La concreción curricular debemos entenderla como **fruto de nuestra reflexión** y toma de **decisiones** autónomas y responsables sobre la especificación del currículo a la realidad concreta del grupo al que va destinada la UDI. Es un instrumento que contiene una serie de **propuestas curriculares**, como criterios de evaluación, indicadores, objetivos, etc. que dan cohesión, relación y continuidad al proceso educativo.

No olvidemos que la UDI pertenece al tercer Nivel de Concreción Curricular, siendo el primero el establecido por el MEC y CEJA y el segundo el centro, que lo adapta en función de sus **características contextuales** y peculiaridades. Así pues, previamente, el centro habrá elaborado su secuenciación curricular (perfiles de áreas y perfiles de competencias, por niveles), que constará en la programación didáctica del equipo de ciclo.

Para establecer la concreción y desarrollo de los elementos del currículo y su disposición, nos acogemos, pues, a lo que expresa el R.D. 126/2014, el D. 97/2015 y la O. de 17/03/2015:

**1. Criterios de evaluación.**

Los **criterios de evaluación** vienen señalados en el R.D. 126/2014, de 28 de febrero, por el que se establece el currículo básico de la Educación Primaria, B.O.E. nº 52, de 01/03/2014, página 19409. También en la Orden de 17 de marzo de 2015, por la que se desarrolla el currículo correspondiente a la Educación Primaria en Andalucía, B.O.J.A. nº 60 de 27/03/2015, página 490 y siguientes, dentro del "Mapa de Desempeño del área de Educación Física[2]" y página 498 y siguientes, dentro del "Desarrollo Curricular del Área de Educación Física". En la segunda parte de este libro recogemos los criterios de evaluación y sus estándares de aprendizaje.

Debemos citar en la UDI el **criterio** de evaluación establecido para cada bloque de contenido publicado en la O. 17/03/2015 que consideremos están **más relacionados** con la **temática** a tratar, tanto del área/asignatura de Educación Física como de las otras relacionadas. No olvidemos que al final de la UDI debemos señalar los **estándares** de aprendizaje o especificaciones de los criterios, dentro de la "valoración de lo aprendido". Estos indicadores están establecidos en el "*Punto 4. Desarrollo Curricular del Área de Educación Física*", de la O. 17/03/2015. Por ejemplo, si la UDI trata sobre la actividad física/salud, al menos, debemos citar al C.E.5 y C.E.6. Los criterios de otras

---

[2] **Mapa de desempeño**. Presenta la concreción de los objetivos de cada una de las áreas a través de los criterios de evaluación por ciclos y su relación directa con los criterios de evaluación de etapa y estándares de aprendizaje evaluables definidos en los Anexos I y II del R.D. 126/2014, de 28 de febrero, por el que se establece el currículo básico de la Educación Primaria.

áreas/asignaturas están también en la O. 17/03/2015 y en el R. D. 126/2014. Por ejemplo, los de Lengua Castellana y Literatura se encuentran en la página 158 y sucesivas de la O. 17/03/2015; Matemáticas en la página 229 y siguientes; CC. de la Naturaleza en la página 21 y siguientes; CC. Sociales en la página 80 y sucesivas. (Ver la segunda parte de este libro). Estas áreas son las que habitualmente tienen más conexión con Educación Física, aunque también podemos establecer relaciones con Educación Artística, Lengua extranjera...

Dado el escaso espacio que disponemos, probamos a escribir las **siglas** de los criterios, aunque las definamos parcial o completamente en la exposición oral.

### 2. Objetivos de la Etapa y del área o asignatura de Educación Física para la Etapa con los que se relaciona la UDI.

Nos referimos a los objetivos de la Etapa por un lado, y a los del área o asignatura de Educación Física que están relacionados con la UDI a elaborar, por otro. Si bien la mayoría de las comunidades autónomas no tienen publicados los del área o asignatura (únicamente los de la Etapa -R.D. 126/2014-), en Andalucía están establecidos **siete** y vienen recogidos en la O. 17/03/2015, página 489, por lo que nos resulta más fácil reseñarlos en la UDI. Los especificamos en la **segunda parte** de este volumen, para facilitar la realización de las UDI a nuestros lectores. Aquellas comunidades donde no están publicados, entienden que cada centro, dentro de su **autonomía pedagógica**, deberá concretarlos. De esta forma indican que los de la Etapa se deben lograr mediante el trabajo y aportación de todas las áreas curriculares de la misma.

### a) Objetivos de Etapa Primaria (R.D. 126/2014).

Su relación la hemos recogido en la segunda parte de este volumen, pero ahora mostramos unos ejemplos concretos en función de la temática de la UDI. De cualquier forma, los que tienen más correspondencia son los tres que vemos ahora:

- Objetivo de etapa "**k**": "*Valorar la higiene y la salud, aceptar el propio cuerpo y el de los otros, respetar las diferencias y utilizar la educación física y el deporte como medios para favorecer el desarrollo personal y social*".

    o Está relacionado con el "**4**": "*Adquirir hábitos de ejercicio físico orientados a una correcta ejecución motriz, a la salud y al bienestar personal...*"

- Objetivo de etapa "**c**": "*Adquirir habilidades para la prevención y para la resolución pacífica de conflictos, que les permitan desenvolverse con autonomía en el ámbito familiar y doméstico, así como en los grupos sociales con los que se relacionan*".

    o Está conectado con el "**5**": "*Desarrollar actitudes y hábitos de tipo cooperativo y social basados en el juego limpio, la solidaridad, la tolerancia...*"

- Objetivo de etapa "**j**": "*Utilizar diferentes representaciones y expresiones artísticas e iniciarse en la construcción de propuestas visuales*".

    o Está relacionado con el "**3**": "*Utilizar la imaginación, creatividad y la expresividad corporal a través del movimiento para comunicar emociones...*"

Además, podemos citar al "**h**", sobre el conocimiento del entorno natural, social y cultural; el "**m**", sobre el desarrollo de las capacidades afectivas y las relaciones con los demás.

Dada la escasez de espacio disponible para plasmar las UDI, dejaremos reflejado la **letra** con que el R.D. 126/2014 formula cada objetivo de Etapa.

**b) Objetivos del área/asignatura (O. 17/03/2015).**

Su relación la hemos recogido en la segunda parte de libro, pero ahora mostramos unos **ejemplos** concretos en función de la temática de la UDI.

Por ejemplo, si la UDI trata sobre el esquema corporal, percepciones y estructuraciones espaciales o temporales, señalaremos su relación con el objetivo número 1, usando o no su sigla: (O.EF.1). En cambio, si en la UDI vamos a trabajar sobre el juego expresivo, citaremos el objetivo del área/asignatura número 3: (O.EF.3).

### 3. Objetivos de otras áreas/asignaturas que tratamos al trabajar la UDI.

No podemos olvidar que estamos inmersos en una **enseñanza integrada trabajando por competencias**, a través de una **herramienta didáctica** como es la Unidad Didáctica Integrada, por lo que debemos señalar también los objetivos de **otras áreas** que están **relacionados**. Por ejemplo, como la salud es tratada también dentro del área de "Ciencias de la Naturaleza", debemos citar al objetivo de esta área número 3 (O.CN.3): *"Reconocer y comprender aspectos básicos del funcionamiento del cuerpo humano, estableciendo relación con las posibles consecuencias para la salud individual y colectiva, valorando los beneficios que aporta adquirir hábitos saludables diarios como el ejercicio físico, la higiene personal y la alimentación equilibrada para una mejora en la calidad de vida, mostrando una actitud de aceptación y respeto a las diferencias individuales."*. Y así seguiríamos citando otros objetivos de otras áreas, siempre que tengamos espacio. Como escasea el espacio disponible, dadas las limitaciones de páginas que nos manifiesta la Orden de Convocatoria, nos conformaremos con poner las **siglas** únicamente.

Pero podemos ser no tan "técnicos" o precisos porque tenemos la posibilidad de optar por hacer un comentario general, eligiendo varios aspectos de otras áreas que tengan vínculos significativos con la Unidad Didáctica Integrada que estemos exponiendo, nombrarlos y explicar por qué los elegimos, incluso **citando** la **sesión** de la Unidad donde lo vamos a realizar.

Ponemos algunos **ejemplos breves** de la conexión con otras áreas:

- Lengua Castellana y Literatura: Uso correcto de nuevos vocablos específicos.
- Matemáticas: Medidas, cálculo y conteo.
- Educación Artística: El espacio y el tiempo individual y de relación. Adecuación del movimiento al espacio y al tiempo.

En la **segunda** parte de este volumen relacionamos infinidad de ejemplos.

### 4. Objetivos propios de Andalucía, si procede, relacionados con la UDI.

Normalmente debemos hacer una referencia a los objetivos propios de la comunidad autónoma donde nos presentemos a las oposiciones. Como desde un principio hemos tomado como referencia a la C. A. de Andalucía, recurrimos a la legislación donde vienen recogidos.

El D. 97/2015, de 3 de marzo, BOJA nº 50, de 13/03/2015, por el que se establece la ordenación y el currículo de la educación Primaria en la comunidad Autónoma de Andalucía, nos indica sobre la etapa Primaria:

**Art. 4. Objetivos:**

*La Educación Primaria contribuirá a desarrollar en el alumnado las capacidades, los hábitos, las actitudes y los valores que le permitan alcanzar, además de los objetivos enumerados en el artículo 17 de la Ley Orgánica 2/2006, de 3 de mayo, los siguientes:*

*a) Desarrollar la confianza de las personas en sí mismas, el sentido crítico, la iniciativa personal, el espíritu emprendedor y la capacidad para aprender, planificar, evaluar riesgos, tomar decisiones y asumir responsabilidades.*
*b) Participar de forma solidaria, activa y responsable, en el desarrollo y mejora de su entorno social y natural.*
*c) Desarrollar actitudes críticas y hábitos relacionados con la salud y el consumo responsable.*
*d) Conocer y valorar el patrimonio natural y cultural y contribuir activamente a su conservación y mejora, entender la diversidad lingüística y cultural como un valor de los pueblos y de las personas y desarrollar una actitud de interés y respeto hacia la misma.*
*e) Conocer y apreciar las peculiaridades de la modalidad lingüística andaluza en todas sus variedades.*
*f) Conocer y respetar la realidad cultural de Andalucía, partiendo del conocimiento y de la comprensión de la misma como comunidad de encuentro de culturas.*

***Art. 5, punto 5,*** *sobre determinación y principios para la determinación del currículo en Andalucía:*

*La Educación Primaria contribuirá a desarrollar en el alumnado las capacidades que le permita alcanzar, además de los objetivos enumerados en el artículo 17 de la ley Orgánica 2/2006, de 3 de mayo, los siguientes:*

*a) La prevención y resolución pacífica de conflictos, así como los valores que preparan al alumnado para asumir una vida responsable en una sociedad libre y democrática.*
*b) La adquisición de hábitos de vida saludable que favorezcan un adecuado bienestar físico, mental y social.*
*c) La utilización responsable del tiempo libre y del ocio, así como el respeto al medio ambiente.*
*d) La igualdad efectiva entre mujeres hombres, la prevención de la violencia de género y la no discriminación por cualquier condición personal o social.*
*e) El espíritu emprendedor a partir del desarrollo de la creatividad, la autonomía, la iniciativa, el trabajo en equipo, la autoconfianza y el sentido crítico.*
*f) La utilización adecuada de las herramientas tecnológicas de la sociedad del conocimiento.*

En la práctica, en la mayoría de las UDI que diseñemos estamos tratando uno o varios de los aspectos que hemos citado, ya que son de temática muy generalista: valores democráticos, respeto a los demás y al medio, igualdad, responsabilidad, hábitos saludables, etc. Estimamos, pues, su inclusión como un apartado más de la UDI que en la **exposición** de la misma debemos glosar.

### 5. Objetivos didácticos. Su relación con los indicadores y las CC. Clave.

Los objetivos didácticos está **implícitos** en los **indicadores** tal y como se recoge en el "*Punto 4. Desarrollo Curricular del Área de Educación Física*", de la O. 17/03/2015 (página 498 a la 537, BOJA nº 60, de 27/03/2015) y, además, suponen una concreción de los objetivos del área o asignatura para la etapa. En todo caso lo que debemos hacer es **transformar** los indicadores de la Orden a infinitivo. Por ejemplo, en la página 499, el indicador EF.1.1.1. *"Responde a situaciones motrices sencillas…"*, lo formulamos en infinitivo: "Responder a situaciones motrices sencillas…"

Si bien la publicación por parte de la CEJA de la Orden del 17/03/2015 ha supuesto que nos limitemos a "copiar y pegar" de la misma, habida cuenta todo viene detallado y relacionado en el Desarrollo Curricular y en el Mapa de Desempeño, en algunas ocasiones nos encontramos con opositores/as que desean **personalizar** al máximo sus propuestas de UDI y persiguen algo que "no ponga todo el mundo porque lo copian del BOJA". En este caso, la originalidad no existe porque debemos seguir el "**modelo oficial**". La originalidad debemos dejarla para las tareas, actividades y ejercicios, así como para la propia exposición oral y anexos que presentemos. Así pues, al menos en Andalucía, debemos **regirnos** por la Orden del 17/03/2015.

Por ello, tomamos directamente los que establece la citada Orden y señalamos con abreviaturas las CC. Clave a las que atañe. Éstas las especificamos de una forma más profusa, con más detenimiento, más adelante, en el punto 8.

Por ejemplo, si nos vamos a la página 499, detallamos el objetivo antes comentado y lo relacionamos con la Competencia Aprender a Aprender (CAA). Si nos encontramos programando una UDI cuya temática está relacionada con el uso de las TIC en 5º curso, nos vamos a la página 536 de la O. 17/03/2015. En el tabla, y dentro de la celda "Indicadores", tras expresar éstos en infinitivo para convertirlos en objetivo didáctico: "Extraer, elaborar y compartir información relacionada con temas de interés de la etapa", lo relacionamos con las competencias clave de Comunicación Lingüística; Digital y Aprender a Aprender (CCL; CD; CAA).

### 6. Contenidos. Incluye referencias a los propios de Andalucía, si procede.

Los contenidos se refieren a los objetos de enseñanza-aprendizaje que la sociedad considera útiles y necesarios para promover el desarrollo personal y social del individuo. En realidad, son informaciones que permitirán, una vez comprendidas, dominadas y practicadas, alcanzar los objetivos y competencias propuestos.

La **LOMCE/2013** los define como *"conjunto de conocimientos, habilidades, destrezas y actitudes que contribuyen al logro de los objetivos y la adquisición de competencias. Se ordenan en asignaturas…"*

Podemos resumir que "es la **materia** que debemos enseñar" o los "medios para hacer realidad a los objetivos". En cualquier caso, los contenidos dejan de tener **fin en sí mismos** y se convierten en los medios para conseguir objetivos y competencias (Cañizares y Carbonero, 2016 - 3).

El R. D. 126/2014 no contempla contenidos para Educación Física por tratarse de una **asignatura** específica, pero la O. 17/03/2015, por la que se desarrolla el currículo correspondiente a la Educación Primaria en Andalucía, BOJA nº 60, de 27/03/2015, indica que para **alcanzar las competencias** en el **área** de Educación física, los contenidos se **organizan** en torno a **cuatro bloques**, como podemos observar en las páginas 485 y 486. Más adelante, entre las páginas 538 y 543, nos muestra su **secuenciación** por ciclos, que la adjuntamos en la **segunda parte** de este volumen. En **resumen**, son:

- **Bloque 1**, "*El cuerpo y sus habilidades perceptivo motrices*": desarrolla los contenidos básicos de la etapa que servirán para posteriores aprendizajes más complejos, donde seguir desarrollando una amplia competencia motriz. Se trabajará la autoestima y el autoconocimiento de forma constructiva y con miras a un desarrollo integral del alumnado.

- **Bloque 2**, "*La Educación física como favorecedora de salud*": está centrado en la consolidación de hábitos de vida saludable, de protocolos de seguridad antes, durante y después de la actividad física y en la reflexión cada vez más autónoma frente a hábitos perjudiciales. Este bloque tendrá un claro componente transversal.

- **Bloque 3**, "*La Expresión corporal: expresión y creación artística*": se refiere al uso del movimiento para comunicarse y expresarse, con creatividad e imaginación.

- **Bloque 4**, "*El juego y el deporte escolar*": desarrolla contenidos sobre la realización de diferentes tipos de juegos y deportes entendidos como manifestaciones culturales y sociales de la motricidad humana. El juego, además de ser un recurso recurrente dentro del área, tiene una dimensión cultural y antropológica.

Cada uno de los tres ciclos tiene 105 horas totales, que en la práctica se traducen en dos sesiones de cuarenta y cinco minutos cada una a la semana, en cada uno de los seis cursos. En otros centros se programa una hora/semana en el 1º curso del ciclo y dos horas/semana en 2º curso del ciclo.

Independientemente de ello, el D. 97/2015, de 3 de marzo, BOJA nº 50, de 13/03/2015, por el que se establece la ordenación y el currículo de la Educación Primaria en la comunidad Autónoma de Andalucía, nos indica en su art. 5, punto 6:

El currículo incluirá **contenidos propios de Andalucía**, relacionados con:

a) El conocimiento y el respeto a los valores recogidos en el Estatuto de Autonomía para Andalucía.

b) El medio natural, la historia, la cultura y otros hechos diferenciadores de nuestra Comunidad para que sean conocidos, valorados y respetados como patrimonio propio, en el marco de la cultura española y universal.

Al igual que hicimos con los Objetivos de Andalucía, debemos proceder con los contenidos, si es que la **temática** de la UDI nos lo permite. En otra comunidad debemos citarlos si tiene algunos propios.

No olvidar consignar algún contenido que haga referencia a la **lectura, escritura y expresión oral**: "*todas las programaciones de todas las áreas incluirán actividades en las que el alumnado deberá leer, escribir y expresarse de forma oral*" (D. 328/2010). En este mismo sentido, sería interesante plantear algún **contenido** relacionado con las **TIC**.

Muchos de los ejemplos de temática a tratar en Primaria, son:

- Sensomotricidad: vista, tacto y oído: seguimiento, agudeza, discriminación…
- Esquema corporal y sus componentes: conocimiento propio cuerpo, actitud, lateralidad, relajación-respiración…
- Percepción del espacio: orientación, estructuración, organización…

- Percepción del tiempo: orientación, organización, ritmo…
- Estructuración espacio-temporal.
- Capacidades coordinativas: coordinación y sus variantes: dinámica general, óculo-segmentaria, etc. Equilibrio y sus tipos.
- Salud: nutrición, primeros auxilios, test de control de la condición física, calentamiento, estiramientos, hábitos higiénicos…
- Juegos: populares y tradicionales, interculturales, cooperativos, alternativos, con materiales reciclados, pre-deportivo, en el medio natural, etc.
- Habilidades y destrezas motrices: básicas y genéricas.
- Habilidades específicas (iniciación): Atletismo, Natación, Gimnasia Artística, Mini-Basket, Mini-Voley, Fútbol-7, etc. "Mini-Olimpiadas".
- Expresión corporal: gestos, dramatización, pantomima, máscaras, bailes y danzas, coreografías, guiñol, cuento-lección, etc.
- Actividades en el medio natural: marcha, orientación, juegos en playa y campo, cabuyería, esquí, senderismo, montaje de tiendas, organización de la mochila, primeros auxilios, bicicleta de montaña, tiro con arco, etc.
- Elaboración de materiales: carteles, fichas y otras manualidades que impliquen leer determinadas fuentes de información.
- Trabajos multimedia que precisen el uso del ordenador, plataformas educativas e Internet.
- Actitudes varias: cooperación, ayuda mutua, coeducación, cooperación, respeto, normas, valores diversos…

A partir de uno o varios de estos ejemplos, podemos relacionar unos contenidos con otros; con objetivos; con CC. Clave o con tareas-actividades-ejercicios.

### 7. Elementos transversales.

La transversalidad tiene como objetivo la formación integral de alumnas y alumnos. Forma parte de cada una de las áreas y del Proyecto Educativo.

Los Elementos Transversales (así los llama el R.D. 126/2014), son contenidos que hacen referencia a problemas y conflictos que afectan actualmente a la naturaleza, a la humanidad y al propio individuo. Su finalidad es prevenir, concienciar y producir en la población escolar una actitud crítica ante los diversos valores y contravalores que la sociedad está creando. Por lo tanto, pretendemos solucionar los problemas que han dado lugar a la formación de estos tipos de contenidos.

Para su tratamiento tomamos como **referencia** a la LEA/2007, artículo 39 y al R.D. 126/2014, artículo 10. La ley autonómica andaluza cita como "**Educación en Valores**" a la mayoría de los elementos transversales que introduce el R.D. 126/2014.

Se trata de **elegir** los que tengan más **conexión** con la UDI que estemos planteando, aunque también debemos pensar en el espacio disponible. Nombrarlos y explicar por qué los distinguimos, en función del escaso espacio con que contamos. Poner **ejemplos breves** como estos:
   - Igualdad real y efectiva entre hombres y mujeres: Agrupaciones con componentes de ambos sexos. Plantear juegos de interés para ellas y ellos.
   - Hábitos de vida saludable y deportiva: Actividades de control y ajuste corporal. Prevención de accidentes en la práctica de los juegos y deportes. Control de la respiración.
   - Tecnologías de la Información y Comunicación: Realización de Webquest, búsqueda de información sobre un juego autóctono, etc.

En la **segunda** parte de este libro exponemos un amplio repertorio de ejemplos, que nos sirven de base para elaborar un **anexo** gráfico relacionándolos con juegos concretos a realizar en alguna de las sesiones de la UDI.

### 8. Competencias Clave que desarrollamos con la UDI.

¿De qué forma los aprendizajes que vamos a trabajar en la UDI van a **contribuir** al logro de las Competencias Clave? Ahora especificamos que la UDI pretende una **aportación** formativa a las C. Clave, ya mencionadas en el punto 5, en cuanto a su relación con los objetivos e indicadores de logro. Citarlas y, dependiendo del espacio disponible, ponemos algún/os ejemplo/s concreto/s que lo justifique.

No olvidemos que la normativa española, siguiendo las directrices europeas, entiende a las C. Clave como una meta educativa primordial a alcanzar durante la etapa obligatoria (Primaria y Secundaria). Son indispensables para el aprendizaje de las personas a lo largo de la vida y para su desarrollo personal, profesional y social que demanda nuestro contexto social actual.

Debemos nombrar aquellas que tienen más **relación** dadas las características o temática de la Unidad, si bien en la O. 17/03/2015 ya vienen directamente conectadas con los indicadores de logro y, por ende, con criterios de evaluación, objetivos y contenidos (ver el punto 4, "Desarrollo Curricular", páginas 498 a la 537, del BOJA nº 60, de 27/03/2015).

Por ejemplo, las UDI que tengan contenidos relacionados con la búsqueda de información de juegos, sus reglas, medio natural, salud, etc. a través de recursos multimedia como el programa "Hot Potatoes", que incluye al "JCloze", "JMatch", "JMix", "JCross" y "JQuiz", etc.), además de servirnos para fijar los contenidos, están muy vinculadas a la **Competencia Digital** (CD). Las Unidades sobre expresión corporal están muy asociadas a la **Competencia de Conciencia y expresiones culturales** (CEC).

Muy posiblemente, al igual que nos puede ocurrir en otros apartados, las competencias las tengamos que expresar con sus **letras iniciales**, si bien durante la exposición de la Unidad al Tribunal, las detallemos.

### C) TRANSPOSICIÓN DIDÁCTICA.

Es el propio **desarrollo** de la Unidad, es decir, cómo **crear** situaciones de aprendizaje. Consiste en determinar las estrategias **metodológicas**, los **escenarios**, los **recursos** didácticos y la **temporalización**, así como los **procesos cognitivos** o **modelos de pensamiento** que facilitamos con el trabajo de las actividades.

Esta parte de la UDI debemos **cuidarla** especialmente debido a que representa la forma más fehaciente el trabajo que alumnado y docente vamos a realizar en cada momento de la misma.

Evidentemente, la transposición incluye lo que quizás nos resulte más destacable, como son la/s **tarea/s**, **actividades** y **ejercicios** a realizar y posibles **adaptaciones**. Las tareas, pues, integran actividades y ejercicios y hay que plasmarlas en un **producto social relevante** (conocimiento en acción o resultado del aprendizaje).

Las competencias se adquieren por medio de las tareas. Las tareas se secuencian en actividades que incluyen ejercicios, como vemos en el siguiente gráfico.

### 1. Tarea/s

Debemos entender, siguiendo entre otros al C.N.I.I.E.[3] o a autores tales como Moya y Luengo (2010) o Blázquez -coord- (2016) la "tarea", como la confección de un producto final relevante que tiene un valor sociocultural determinado, que nos posibilita satisfacer un problema que hemos planteado al inicio de la UDI. Ésta debe producir experiencias suficientes para adquirir la competencia prevista, de ahí centrarnos en ella, así como en el contexto donde la vamos a trabajar. Para ello, además de tener en cuenta el contexto personal, socio-familiar y escolar, emplearemos actividades encaminadas a poner en marcha los procesos mentales, así como contenidos a través de ejercicios. No olvidemos que la realización de las tareas ponen al grupo en situación de interaccionar con los contextos que hayamos elegido, representando una práctica de vida con un producto final relevante, apreciable.

Debemos concebir la tarea como acción o conjunto de acciones orientadas a la resolución de una situación problema, dentro de un **contexto real y definido**, por medio de la combinación de todos los saberes (saber, saber hacer, saber ser) disponibles, que permiten la elaboración de un producto relevante y la participación en una práctica social, para facilitar la socialización buscando ser más competente en su trabajo diario (C.N.I.I.E.). Suponen varias **actividades interdisciplinares contextualizadas** que permiten la transferencia de saberes a la vida cotidiana.

Deben ser interesantes, con objetivos muy claros, usar **metodología constructiva** y **cooperativa** y dar protagonismo al alumnado, entre otras características. Son imprescindibles para adquirir las C. Clave. Intervienen todos o casi todos los procesos cognitivos movilizando todos los recursos de la persona (conocimientos, estrategias, destrezas).

Han de estar perfectamente formuladas y el producto social relevante final muy bien definido. Podemos partir desde un criterio de evaluación, desde una competencia, desde un objetivo, un concepto o procedimiento, desde un acontecimiento del entorno o una noticia, etc. En su diseño tendremos en cuenta sus componentes: grado de competencia/s a adquirir con su realización; contextos (individual, académico/escolar, familiar socio comunitario), donde vayamos a aplicar esta/s competencia/s; contenidos para comprender y efectuar la tarea; recursos materiales: textos, mapas, elementos gimnásticos y deportivos, gráficos...; metodología preferentemente cooperativa; organización del grupo; tipo de pensamiento o procesos cognitivos que se desarrollan

---

[3] El Centro Nacional de Innovación e Investigación Educativa (CNIIE), dependiente del Ministerio de Educación Cultura y Deporte (MECD), se considera una unidad generadora de conocimiento e innovación en educación, al servicio del sistema educativo español.

con las distintas actividades: lógico, crítico, deliberativo, analítico, etc. Si la tenemos bien diseñada, contribuye a tratar **varias competencias**.

Una vez tengamos pensada y definida la tarea, debemos diseñar un **grupo** de **actividades** que nos permita su realización y, por ende, el producto social relevante. Aquéllas deben satisfacer los criterios de ser completas (sin posibilidad de fallos para realizar el producto final); variadas, es decir, con diversos modos de pensamiento y tipos de contenido; inclusivas o que sus dificultades atiendan a la diversidad del grupo.

En resumen, "*a diferencia del ejercicio y la actividad, el diseño de una tarea requiere decidir para qué se hace esa tarea, qué producto final se va a elaborar vinculado a la vida real y qué relevancia social tiene en el día a día del alumno. Así mismo, para la resolución de la misma no hay una respuesta prefijada -como ocurre con el ejercicio, que es mecánico, repetitivo y memorístico-, sino que va más allá. La resolución de una tarea requiere de la integración de:*

- *Conocimientos previos adquiridos.*
- *Destrezas y puesta en marcha diversos mecanismos para su resolución.*
- *Actitud positiva ante la tarea*" (CNIIE).

Los **pasos** para **diseñar** una **tarea**, son:

- Pensar la tarea partiendo del currículo de área y teniendo en cuenta los intereses del alumnado.
- Describir la tarea de manera que permita resolver una situación-problema; suponga la elaboración de un producto final de valor; posibilite participar en una tarea social en un contexto determinado.
- Elaborar la secuencia ordenada y completa de actividades y ejercicios.
- Realizar la selección de ejercicios para consolidar el dominio de los contenidos que requieren las actividades.

Ejemplos:

- o Preparar y representar una coreografía o un juego dramático.
- o Taller de teatro tradicional, sketch o pieza corta, monólogos, puppet show (marionetas), kamishibai (teatro de papel), ...
- o Confeccionar un póster anunciador de las olimpiadas escolares de final de curso.
- o Elaborar el proyecto de visita para acudir al P.N. Doñana.
- o La convivencia en un hospedaje rural.
- o Celebración del "Día de Andalucía" u otra efemérides, como el "Día del Medio Ambiente".
- o Organización y distribución de los "recreos inteligentes", realizando los mapas de juegos en días y espacios adecuados.
- o Póster de una dieta equilibrada para el comedor escolar.
- o Campañas divulgativas sobre cualquier cuestión de interés social
- o Producción de videos sobre alguna temática concreta, como "hábitos saludables".
- o El polideportivo de mi barrio.
- o Las escuelas deportivas municipales.
- o Folletos publicitarios sobre las carreras populares.
- o Realizar un mural con los parque de la zona.
- o Elaborar un infograma (foto a la que añadimos explicación sobre lo que representa).
- o Diseñar una Yincana.

- Hacer la guía turística de la localidad (senderismo urbano).
- Diseñar un cartel con las normas de convivencia de un grupo, curso o centro, para una campaña publicitaria, para conservar limpia la escuela, contra la violencia de género, el racismo...
- Hacer el periódico o revista del centro.
- Preparar y emitir un programa de radio sobre el "juego limpio".
- Organizar la excursión fin de curso, el viaje de estudios, el intercambio con alumnos franceses,...
- Preparar la acampada o el viaje a...
- Preparar y representar teatros de las sombras.
- Preparar una "mini olimpiada".
- Nos vamos de excursión al Planetario...
- Preparación del carnaval.
- Planificar el entrenamiento físico de un deportista, un equipo...
- Elaborar el menú semanal equilibrado para el comedor.
- Hacer un trabajo de cada pueblo de la comarca con los juegos populares de cada zona para hacer un libro colectivo y presentarlo a la comunidad.
- Preparar un cartel para pedir a los demás que conserven limpia la escuela, patio de recreo, aulas, etc.
- Confeccionar un mural sobre algunos aspectos de la higiene, alimentación, dieta mediterránea, calentamiento, etc.
- Hacer encuestas sobre distintos temas de interés de la actividad física y el deporte.
- Hacer gráficas sobre resultados de los test físicos realizados.
- Cuaderno de campo de los seres vivos...
- Elaborar un código para un uso responsable de TV en casa
- Realizar un poster sobre calentamiento, higiene, pruebas de atletismo, etc.
- Póster sobre desplazamientos y sus tipos. O saltos, giros, etc.
- Póster sobre dribling en M. Basket.
- Elaborar un conjunto arquitectónico con plastilina.
- Composición sobre juegos cooperativos.
- Elaborar materiales con productos de desecho: sonajeros para ritmo y expresión, pelotas malabares, etc.

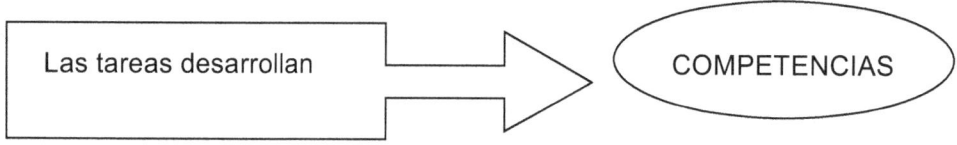

## 2. Actividades.

Acción o conjunto de acciones orientadas a la adquisición de un conocimiento nuevo o a la utilización de algún conocimiento de forma diferente. Se trata de comportamientos que producen una respuesta diferenciada de gran variedad, que posteriormente aplicaremos en las tareas para adquirir las competencias (C.N.I.I.E.). Pueden favorecer el desarrollo de las C. Clave, pero no siempre. No garantiza transferencia a otras situaciones y deben estar **graduadas en dificultad**. También, exigen una respuesta variada y diferente aunque unida a **procesos cognitivos** de relativa dificultad: reflexionar, crear, contrastar, comparar, investigar, razonar, analizar, relacionar, comprobar, deliberar, etc. Cada actividad se compone de **varios ejercicios**.

Ejemplos:

- Poner en práctica las reglas del juego autóctono de Dos Hermanas (Sevilla) "Pinfuvote".
- Selección de información sobre los juegos investigados.
- Maquetación o modelo previo de esa información.
- Recoger la información obtenida en un formato digital o en soporte papel.
- Confección de un cuestionario o sondeo de investigación.
- Redactar petición a la federación de Baloncesto para que nos facilite entradas para ver la exhibición de los Harlem Globetrotters, a cambio de diseñar y distribuir la publicidad en el barrio.
- Diseñar las "postas/espacios" de los "recreos inteligentes".
- Lectura en voz alta de los diálogos a efectuar en un juego dramático.
- Posibilidades que ofrece nuestro entorno en la realización de actividad física.
- Investigar juegos populares/tradicionales de nuestra zona.
- Medir los terrenos del patio, porche, etc. aptos para jugar.
- Confeccionar pelotas con materiales de desecho.
- Organizar actividades lúdicas y saludables en semana santa.
- Confeccionar una tarjeta navideña o la invitación para un acto: cumpleaños,...fiesta de Navidad, obra de teatro,... Juegos para hacer ese día.
- Hacer el guión y tarjeta de invitación para los padres para la "mini olimpiada".
- El carnaval: disfraces, máscaras…
- Escribir al Ayuntamiento solicitando papeleras, árboles, bancos, canastas de Mini Basket para el patio de recreo o parque cercano, contenedores diferenciados para la recogida de basura y posterior reciclado.
- Marcar en el recreo zonas para jugar a la "comba", los "pitos", al "cuadrante"...
- Ídem sobre "mini canchas de fútbol" para jugar a las "chapas".
- Medir y pintar zonas para hacer test de pentasalto, salto en profundidad, test de agilidad, velocidad, lanzamiento balón medicinal de 2 Kg., etc.
- Hacer el logotipo de la clase, del grupo, del equipo.
- Arbitrar un partido de fútbol en el recreo.
- Interpretar el mapa del tiempo de los próximos días en la comarca.
- ¿Cuánto pesamos, medimos o tenemos de envergadura, perímetro craneal…?
- Jugar a los bolos.
- Redactar las crónicas de los partidos celebrados en los recreos.
- Crear ficha para realizar estadísticas en algún partido a observar o pre grabado.

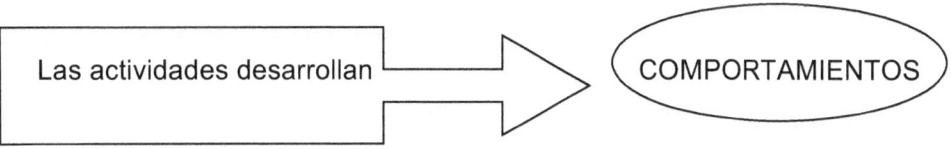

### 3. Ejercicios.

Un ejercicio es una práctica, una **repetición** que sirve para adquirir unos conocimientos o desarrollar una habilidad. Son una acción o varias orientadas a la comprobación del dominio adquirido en el manejo de un determinado conocimiento o habilidad motriz. Supone una conducta observable que produce una respuesta prefijada que se da repetidamente. Es la unidad básica de motricidad -su realización práctica-, para expresar una conducta motriz y desarrollar los patrones de movimiento que facilitan la ejecución de las actividades (automatización de la habilidad/destreza motriz). No contribuyen directamente a la adquisición de las Competencias Clave, tienen menos complejidad cognitiva. Son necesarios aunque no contribuyen directamente a la consecución de la competencia y siguen el esquema: explicación o pregunta para indagación + ejemplo aclaratorio + realización del ejercicio. Por ejemplo, practicar, copiar, efectuar, realizar, etc.

Ejemplos:

- o Tiro de personal en Mini Basket
- o Lanzar/tomar pelotas de tenis
- o Rodar un aro con las manos
- o Ejercicios de caligrafía (psicomotricidad fina, precisión) comprobando ortografía.

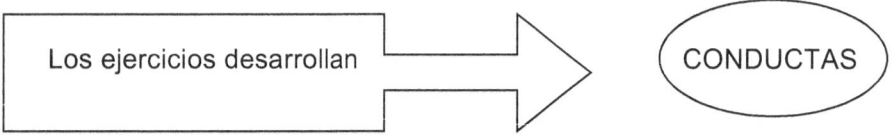

Una **tarea** integrada está compuesta por varias **actividades** y cada una de ésta, agrupa a varios **ejercicios**.

### SEIS EJEMPLOS DE TAREA →ACTIVIDAD →EJERCICIO.

**1º ejemplo: sobre una actividad extraescolar.**

**TAREA:**

Vamos a organizar la salida extraescolar programada (Plan de Centro) "Semana Blanca", a finales de febrero, en Sierra Nevada (Granada).

El **producto social relevante** será colgar el foto-vídeo montaje, realizado durante el proceso, en la Web del CEIP: redacción de solicitudes, presentación en el ayuntamiento, reuniones con la AMPA, hoja de cálculo, fotos de escenas en la nieve, etc.

**ACTIVIDADES**

- Escribir solicitud a la AMPA para que colabore con rifas y participaciones de la lotería de navidad.
- Redactar petición de subvención a la delegación de deportes del ayuntamiento.
- Hacer los presupuestos: autocar, hostal, alquiler de material, comida, contrato de monitores, etc. y procedemos a repartir los costes.
- Redactar y distribuir la hoja para la autorización familiar de asistencia al viaje.
- Controlar el saldo (debe/haber) continuado
- Averiguar lo aportado por cada alumno/a
- Comprobar si es preciso devolver a cada alumno/a parte de lo ya pagado o, al contrario, aún queda algo por aportar.
- Realizar contactos a través de mail con una empresa de servicios deportivos de Granada por si nos oferta una opción interesante.

**EJERCICIOS**

- Durante el proceso, el alumnado tiene que redactar y hacer operaciones matemáticas: sumas, restas, etc. necesarias para el ajuste presupuestario.
- Las habilidades específicas del esquí: equilibrio postural base, deslizamiento en cuña, giros, posición en paralelo, remontes, etc.

### 2º ejemplo: sobre una actividad complementaria.

**TAREA**

Partido de Fútbol-7 en polideportivo municipal con motivo de la "Semana Cultural de Andalucía", grabado en video para, posteriormente, editarlo y colgar en la web del centro los minutos más interesantes.

**ACTIVIDAD**

Hacer itinerario y plan para ir a la cancha donde vamos a jugar; planificar el calentamiento, la táctica, las jugadas; hacer los tickets de entrada, el póster anunciador, darlo a conocer en redes sociales, manejo de las herramientas para edición del video, etc.
Redactar petición de permiso para entregar al concejal de Cultura y Deportes.

**EJERCICIOS**

Ensayo de pases, tiros, conducciones, los propios del calentamiento y estiramiento, trotes para mejorar resistencia, etc.

### 3º ejemplo: sobre difusión de un juego alternativo.

**TAREA**

Partido de muestra durante el recreo de un juego alternativo, con objeto de que lo aprecie el resto del alumnado del centro. La grabación la subiremos en la web del CEIP.

**ACTIVIDAD**

Tras analizar las acciones prácticas que se dan durante el juego, diseñamos un par de circuitos técnicos para hacer durante las clases y aprender a jugar. Lo hacemos en unas cartulinas y, tras fotografiarlas, las mandamos al grupo por la red social que usa el colegio. En la posta 1 hacemos; en la 2 realizamos... etc. El juego de aplicación será...; ensayos de partidos de 2X2 en terreno reducido, etc.

**EJERCICIOS**

La propia realización de los ejercicios de las postas: ensayos de pases y recepciones estáticos y dinámicos; conducciones en línea recta y zigzag; acciones combinativas de conducción, desmarque y tiro.

### 4º ejemplo: sobre una actividad de expresión.

**TAREA**

Representación de un "**Lip Dub**" (doblaje de labios). Es un vídeo musical realizado por un grupo de alumno/as que sincronizan sus labios, gestos y movimientos con una canción popular o cualquier otra fuente musical. El objeto del P.S.R. es colgarlo en la web del CEIP para que lo vea toda la Comunidad Educativa.

También es posible representarlo como una actividad más durante la "Semana Cultural".

**ACTIVIDAD**

Planificar la canción a representar. Organizar los espacios, vestuarios, itinerarios, soportes audiovisuales y otros materiales diversos tales como cartulinas, telas, paneles de madera, objetos manipulables, colchonetas, maquillaje, goma E.V.A., etc. Repartir los roles y organizar los sub grupos. Hacer el póster anunciador, darlo a conocer en redes sociales, manejo de las herramientas para edición del video, etc.

**EJERCICIOS**

Los ensayos en sí: frente al espejo, coordinar los movimientos de los labios con la canción y, posteriormente, ésta con el movimiento corporal. Realización de combinaciones de acciones/espacios, etc.

### 5º ejemplo: exposición en la S.U.M. de recursos materiales alternativos.

**TAREA**

Construcción de "materiales alternativos" para usar en clase: maracas de ritmo con botes de plástico y grava; bolas de malabares con globos y mijo; etc. Posteriormente, expondremos estas creaciones en la S. U. M.

**ACTIVIDAD**

Búsqueda en Internet de qué podemos construir y cómo, su dificultad, recogida, etc. Su diseño previo. Consulta en catálogos de las casas especializadas en su distribución comercial.

**EJERCICIOS**

Saltos de vallas, juegos de ritmo, coordinación óculo segmentaria, juegos con bolas malabares, etc.

### 6º ejemplo: fabricación de máscaras de carnaval.

**TAREA**

Construcción / fabricación de máscaras a lucir en el "carnaval escolar". Exposición previa y posterior en la "sala de visitas".

**ACTIVIDAD**

Búsqueda de información en la enciclopedia de la Biblioteca del CEIP y en Internet. Portales de Internet donde se explique la historia y tipos de carnaval, sus diferencias, etc. Informarse de cómo se realizan; compra de materiales: cartulinas, pegamento, rotuladores, goma E.V.A., etc.

**EJERCICIOS**

Confección de las máscaras individuales. Juegos de gesto con las máscaras. Mimodrama, etc.

En la citada O. de 17/03/2015, BOJA nº 60, de 27/03/2015, entre sus páginas 498-537, figura el "**Desarrollo Curricular del Área de Educación Física**". Es decir, "*partiendo de cada criterio de evaluación, se ofrecen orientaciones y ejemplificaciones de actividades y tareas y se concretan los contenidos necesarios. La integración de estos elementos en diversas actividades y tareas genera competencias y contribuye al logro de los objetivos que se indican en cada uno de los criterios*". Esto, evidentemente, nos facilita mucho el trabajo, además de los textos publicados por las editoriales y destinados al profesorado.

No podemos olvidarnos de citar las posibles **adaptaciones generales** para atender la **diversidad**, así como alguna más **específica** si hemos ya consignado en la programación a algún alumno/a con cualquier tipo de **dificultad y/o discapacidad** (NEAE).

Las actividades/ejercicios (juegos) son la gran cuestión de las UDI. Con ellos demostramos al Tribunal que **dominamos la enseñanza** de una determinada **habilidad**, el "menudeo práctico" y que no confundimos, por ejemplo, la estructuración del espacio con la del tiempo o la lateralidad. Deben ser muy variados y de todo tipo, con propuestas de índole indagatoria y bien secuenciados de menos a más dificultad, con objeto de que el alumnado vaya construyendo su conocimiento y llegar a la tarea relevante final.

Debemos enumerarlos de forma concreta, **sin explicaciones**, porque el espacio, como siempre, es muy limitado. En cambio, daremos todos sus detalles, incluso los de índole metodológico en cuanto a estilos, agrupaciones, recorridos, etc. en la exposición oral.

Los **tipos** de actividades/ejercicios/juegos que aconsejamos tener en cuenta, sobre todo para la **exposición oral**, son:

- Introducción, motivación o exploración de ideas previas (conflicto cognitivo). Se trata de crear en chicas y chicos la necesidad de hacerlas, de acercarlos a la realidad que han de aprender. Nos sirven también para detectar la competencia curricular previa que posee el grupo, es decir, revisar lo que conoce a través de la observación, charla, prueba, etc. Por ejemplo, antes de iniciar un aprendizaje sobre la destreza de los lanzamientos y recepciones hacemos una propuesta curiosa, con "suspense", pero con utilidad: ¿cómo nos podemos pasar el balón por parejas, sin que se caiga? Rápidamente podemos ver el nivel de la destreza básica del lanzamiento y recepción de móviles.
Muchas veces se da el caso que tenemos que variar lo previsto porque el nivel que suponíamos había no es el real.
- Desarrollo. El grupo se enfrenta a los aspectos de la materia y los ejercicios están graduados en dificultad. Niñas y niños participan en la realización de los juegos propuestos para asimilar los contenidos y llegar a conseguir los objetivos. Son los más habituales porque sirven para el trabajo de las finalidades de la Unidad Didáctica Integrada. Se avanza en

el conocimiento y deben tener un marcado matiz "investigador", procurando que el alumnado elabore la respuesta. Por ejemplo, ¿cómo nos pasamos el balón entre las piernas? Tras las recomendaciones del D. 328/2010, debemos incluir actividades que supongan **leer, escribir y expresarse oralmente**, así como las relacionadas con las **TIC/TAC**.

- Consolidación. Son ejercicios destinados a recordar lo anterior, ya que lo que no se consolida se pierde. Se orientan hacia la capacidad de síntesis y obtención de conclusiones. Por ejemplo, ¿cómo dijimos que había que pasarse el balón con las manos para tener más seguridad?
  También se denominan "de cierre" porque ponen a prueba los conocimientos adquiridos. Por ejemplo, un circuito coordinativo en la última sesión de la UDI donde en cada posta recordamos un ejercicio principal realizado en sesiones anteriores.

- Ampliación-profundización o proacción. Dentro de la sesión ofrecemos propuestas de ejercicios para que avancen quienes tengan un ritmo de aprendizaje más rápido, por lo que **atienden a la diversidad**. Son necesarios tenerlos en cuenta en cursos donde varios de sus componentes asisten con regularidad a las escuelas deportivas.

- Refuerzo o retroacción. Relacionadas con la "**atención a la diversidad**" porque se adaptan a un sujeto en función de sus características. Se destinan al alumnado que no ha logrado los objetivos previstos porque tiene dificultad para ello, ya que llevan un ritmo de aprendizaje más lento o una necesidad educativa específica. Por ejemplo, poner conos más cortos que los normales para saltarlos, o para la mejora de la coordinación óculo-segmentaria, en lugar de usar balones que tienen una trayectoria más rápida, utilizar globos.
  Si en la Programación Didáctica hemos especificado que en nuestro grupo de referencia tenemos a un alumno con N.E.A.E., en este apartado es donde debemos detallar los ejercicios concretos o las **adaptaciones** a llevar a cabo.

- Evaluación Nos sirven para comprobar el grado de aprendizaje alcanzado, si hemos logrado o no el desarrollo de las capacidades expresadas en los objetivos. Gracias a ellas obtenemos información sobre el proceso de enseñanza-aprendizaje, su valoración y toma de decisiones enfocada siempre a la mejora. Por ejemplo, botar del balón en zig-zag para comprobar el nivel alcanzado en la destreza del bote. Si proponemos "lanzar la pelota con una mano por encima del hombro", nos fijaremos en su ejecución global y en cómo realizan las fases del lanzamiento: armado, desarrollo, desprendimiento y final.
  En cualquier caso, en muchas ocasiones estas actividades tienen un sentido más "formal", habida cuenta que hacemos una evaluación continua por observación sistemática, siempre estamos ajustando el aprendizaje y proporcionando información sobre el resultado.

Independientemente de los tipos anteriores, citamos a:

- Actividades Complementarias. Se realizan en determinadas unidades para finalizar lo aprendido. Por ejemplo, visita a un polideportivo para vivenciar y poner en práctica los aprendizajes realizados en un determinado deporte. Habitualmente la articulamos como una sesión.

- Actividades Extraescolares. Las hacemos fuera del horario escolar y requieren mayor organización, responsabilidades, etc. Por ejemplo, "un día en la nieve" y se plantea como una sesión más de la UDI. Deben estar relacionadas con los objetivos porque perfecciona los aprendizajes de la misma. No obstante, en otras ocasiones son meramente recreativas.

Evidentemente, todos estos detalles no los podemos pormenorizar en la ficha de la UDI porque nos faltaría espacio. En cambio, son muy indicados para comentarlo durante la exposición oral, pero **ajustando** el tiempo.

Es muy importante que describamos las tareas/actividades/ejercicios con cierto detalle y previendo que van a servir al Tribunal para comprobar si tenemos en cuenta todos los puntos anteriores de la UDI (objetivos, contenidos, etc.).

En **Internet** podemos encontrar usando cualquier **buscador** múltiples ejemplos señalados y desarrollados de tareas/actividades/ejercicios. A partir de ahí, empezamos a "navegar" por webs, blogs, etc. encontrando infinidad de **aplicaciones didácticas** que nos pueden servir.

En cuanto a las características didácticas de las actividades (ejercicios, juegos...) a incluir en las sesiones, debemos tener en cuenta las siguientes a la hora de seleccionarlas:

- Ser capaces de motivar al alumno teniendo previstas alternativas a las iniciales.
- Deben facilitar que el alumnado aprenda disfrutando.
- Propiciar la participación, la creatividad y responder al interés del alumnado en función de su desarrollo individual.
- Procurar la **inclusión** de quienes tengan problemas físicos o psíquicos y su participación en la dinámica de la clase.
- Estimular la curiosidad y la necesidad de conocer el por qué de los ejercicios y su repercusión en el organismo.
- Favorecer la familiarización del alumnado con el entorno dentro de un contexto de seguridad.
- Facilitar la utilización de un vocabulario científico que permita la corrección de vulgarismos y tópicos.
- Posibilitar el estudio de las reglamentaciones de los deportes más habituales de su entorno.
- Presentar el mayor número de situaciones que tengan aplicación práctica en la vida cotidiana del alumno como ciudadano.
- Que fomenten la alegría y solidaridad.
- Usar correctamente las instalaciones de su entorno.
- Que no tengan ningún tipo de sesgo discriminatorio por género, etnia, procedencia, cultura, creencias, etc.

Una sugerencia que hacemos es expresarlas en función de los tres grupos que se corresponden con las tres partes tradicionales de la sesión: animación, parte principal y vuelta a la calma.

En la **exposición** ante el Tribunal de actividades y ejercicios concretos podemos **incluir** también la **metodología** aplicada, **organización** de los alumnos y del espacio y los **recursos** utilizados.

### 4.- Atención a la diversidad.

El término alumnado con necesidades específica de apoyo educativo aparece en la LOE/2006/2013 (texto consolidado). Engloba, no sólo al alumnado con N.E.E. (discapacidad física, psíquica, sensorial o graves problemas de conducta, TDAH) sino también a los descompensados socio-cultural, los de altas capacidades, los de incorporación tardía al sistema educativo y todos aquellos que en cualquier momento del proceso-enseñanza-aprendizaje necesitan un apoyo temporal.

Esta misma ley, en su art. 71.1, manifiesta el compromiso de las Administraciones educativas para disponer los medios necesarios para que todo el alumnado alcance el máximo desarrollo personal, intelectual, social y emocional, así como los objetivos establecidos con carácter general en la citada ley.

Es la **O. 25/07/2008,** texto consolidado 2016, la que regula la atención a la diversidad del alumnado que cursa la educación básica en los centros docentes públicos de Andalucía y al diseño de sus programas de refuerzo y adaptación curricular nos remitiremos, así como a las Instrucciones del 08/03/2017 (ver tabla-resumen en páginas siguientes).

Al hilo de lo anterior, debemos entender que la respuesta a la diversidad debe ser una **responsabilidad compartida** entre los distintos niveles de actuación: Administración, currículo, centro y aula, y tal corresponsabilidad se concreta en estrategias y medidas con diferente carácter, recogidas en la Orden antes citada y que destaca estrategias de apoyo y refuerzo así como programas de adaptación curricular y programas de refuerzo educativo.

Sobre esta base, las **medidas genéricas** que llevaremos a cabo con este alumnado, son:

1.- Utilizar materiales y recursos variados e innovadores con base en las TIC.

2.- Implementar el Plan de Atención a la Diversidad: programas de refuerzo, ACS y ACNS, entre otros.

3.- Establecer un seguimiento riguroso de enfoque práctico de la enseñanza, diversificando, también los métodos de evaluación.

4.-Implementar actividades variadas, que se ajusten al momento y den respuesta a las dificultades encontradas.

Todos estos aspectos son muy importantes expresarlos para "distinguirnos" de los demás opositores.

En cuanto a los agrupamientos a tener en cuenta con este alumnado, deben ser lo más inclusivos posibles y en ese sentido nos lo indica la O. ECD/65/2015 en su Anexo II, cuando recomienda el aprendizaje en grupos **cooperativos**. Se trata de un tipo de agrupamiento que hace referencia al uso didáctico de equipos de trabajo reducidos, en los cuales los alumnos/as trabajan juntos para maximizar su propio aprendizaje y el de sus compañeros de equipo (Johnson y Johnson 1999).

Los métodos de aprendizaje cooperativo necesitan la **heterogeneidad** de los alumnos y las alumnas. Es una metodología que no sólo reconoce la diversidad sino que obtiene de ella un beneficio instruccional. De hecho, sin diferencias entre los alumnos, no se puede llevar a cabo el aprendizaje cooperativo.

Por su parte, el establecimiento de relaciones de colaboración y ayuda entre los propios alumnos es un recurso de primer orden para facilitar el aprendizaje, el desarrollo de habilidades y conductas prosociales y el mantenimiento de un clima de respeto y valoración de las diferencias.

Así, debemos utilizar **estilos de enseñanza** que se adapten a todos y cada uno de nuestros educandos, respetando sus ritmos de aprendizaje y ajustando una respuesta educativa ante las dificultades individuales.

Si aplicamos, por ejemplo, un estilo de "**Asignación de Tareas**" haciendo que prevalezca el trabajo individual como en el caso de "botar la pelota", "rodar el aro", etc.

tendremos en cuenta las diferencias y el punto de partida de cada alumno/a respetando el ritmo de aprendizaje de cada componente del grupo. Otras veces, en cambio, tendremos que adaptarle el material. Por ejemplo, si hacemos juegos relacionados con la coordinación óculo manual, unos podrán lanzar y tomar una pelota de tenis, pero otros deberán hacerlo con un globo.

Otro estilo, como el de "**Grupos de Nivel**", nos permite ubicar al alumnado en dos o tres grupos más pequeños donde tenemos dos o tres tipos de dificultad. Por ejemplo, a la hora de hacer una sesión de saltos, establecemos tres líneas de obstáculos con alturas distintas. Tiene el inconveniente de precisar una prueba evaluatoria previa, para distribuir al grupo en función de sus capacidades. Otras veces, simplemente, nos basta con establecer unos periodos de recuperación más largos para quienes tienen una condición física más endeble, por ejemplo a niñas y niños con asma o con dificultad en la deambulación.

También es posible usar recursos móviles distintos para adaptar las actividades y ejercicios. La diversidad de pelotas, vallas, etc. que ofrece el mercado nos facilita proponer juegos más complejos o simples. Por ejemplo, el alumnado más avanzado puede tocar con los pies una pelota de tenis para perfeccionar la coordinación óculo pédica, mientras que otros más lentos lo hacen con una pelota tamaño voleibol.

En el caso de que hayamos especificado en la Programación Didáctica, dentro del **contexto** de nuestro grupo, que contamos con algún alumno o alumna que padece una necesidad especial o específica, como ambliopía, hipoacusia, sobrepeso, etc. en este punto debemos matizar las **medidas** que contemplamos en cada UDI para adaptarle de manera poco significativa habitualmente, los contenidos y la actividades y ejercicios.

Deben ser anotaciones **concisas** por el problema del escaso espacio disponible, pero podemos explicarle al Tribunal todos los detalles en la exposición oral.

Si nos presentamos a las oposiciones en Andalucía, debemos tener en cuenta las Instrucciones de 8 de marzo de 2017, que nos dice que el **grupo** de "alumnado con necesidades específicas de apoyo educativo" está compuesto por **cuatro categorías**:

| ALUMNADO CON NECESIDADES ESPECÍFICAS DE APOYO EDUCATIVO | |
|---|---|
| **1. ALUMNADO CON NECESIDADES EDUCATIVAS ESPECIALES** | |
| 1.1. Trastornos graves del desarrollo | Retrasos evolutivos graves o profundos<br>Trastornos graves del desarrollo del lenguaje<br>Trastornos graves del desarrollo psicomotor |
| 1.2. Discapacidad visual | Baja visión<br>Ceguera |
| 1.3. Discapacidad intelectual | D. I. leve<br>D. I. moderada<br>D. I. grave<br>D. I. profunda |
| 1.4. Discapacidad auditiva | Hipoacusia<br>Sordera |
| 1.5. Trastornos de la comunicación | Afasias<br>Trastornos específicos del lenguaje:<br>• Expresivos<br>• Mixtos<br>• Semántico-pragmático |

|  | Trastornos de habla:<br>• Disartrias<br>• Disglosias<br>• Disfemias |
|---|---|
| 1.6. Discapacidad física | Lesiones de origen cerebral<br>Lesiones de origen medular<br>Trastornos neuromusculares<br>Lesiones del sistema osteoarticular |
| 1.7. Trastornos del Espectro Autista | Autismo<br>Síndrome de Asperger<br>Síndrome de Rett<br>Trastorno desintegrativo infantil<br>Trastorno generalizado del desarrollo no especificado |
| 1.8. Trastornos graves de conducta | Trastorno disocial<br>Trastorno negativista desafiante<br>Trastorno de comportamiento perturbador no especificado |
| 1.9. Trastorno por déficit de atención con o sin hiperactividad | TDAH: Predominio del déficit de atención<br>TDAH: Predominio de la impulsividad - hiperactividad<br>TDAH: Tipo combinado |
| 1.10. Otros trastornos mentales |  |
| 1.11. Enfermedades raras y crónicas |  |

### 2. ALUMNADO CON DIFICULTADES DE APRENDIZAJE

| | |
|---|---|
| 2.1. Dificultad específica de aprendizaje | D. E. en el aprendizaje de la lectura o dislexia<br>D. E. en el aprendizaje de la escritura/disgrafía<br>D. E. en el aprendizaje de la escritura o disortografía<br>D. E. en el aprendizaje del cálculo o discalculia |
| 2.2. Dificultad de aprendizaje por retraso en el lenguaje | |
| 2.3. Dificultad de aprendizaje por capacidad intelectual límite | |
| 2.4. Dificultades del aprendizaje derivadas de trastorno por déficit de atención con o sin hiperactividad. | |

### 3. ALUMNADO CON ALTAS CAPACIDADES INTELECTUALES

| |
|---|
| 3.1. Sobredotación intelectual |
| 3.2. Talento simple |
| 3.3. Talento complejo |

### 4. ALUMNADO QUE PRECISA DE ACCIONES DE CARÁCTER COMPENSATORIO

**Ejemplificamos** ahora, en varias tablas, diversas opciones a tener en cuenta a la hora de especificar las actividades y/o pautas metodológicas concretas a seguir en algunas casuísticas **genéricas** relacionadas con las discapacidades. Deberemos centrarnos, lógicamente, en aquellas discapacidades que hayamos especificado que tenemos en nuestro curso de referencia de la **Programación Didáctica**. En función del espacio que tengamos en este apartado de la UDI, lo trataremos con más o menos profusión, pero de manera más detallada en la exposición ante el Tribunal, para demostrar nuestro dominio en esta temática.

Aparte, estas tablas o similares mejoradas gráficamente, podemos aportarlas como **anexo** durante la exposición ante el Tribunal, siempre que nos permita esa posibilidad.

| ALUMNA CON BRONQUITIS ASMÁTICA PAUTAS GENERALES DE ACTUACIÓN |
|---|
| **Evitaremos**: <br> o Ambientes fríos, secos, contaminados, con humo. <br> o Contacto con una persona infectada con bronquitis. <br> o Cualquier tipo de infección respiratoria, pitos o tos. <br> o Actividad intensa o de mucha duración. <br> **Realizaremos**: <br> o Tomar la medicación antes de la actividad. <br> o Realizar un calentamiento prolongado y progresivo. <br> o Realizar el ejercicio a intervalos (intensidad moderada) <br> o Respirar despacio, por la nariz, para reducir la hiperventilación. <br> o Realizar ejercicios que dilaten, movilicen el tórax. <br> La actividad física y el juego posee resultados **beneficiosos**, tales como: <br> o Mejorar el desarrollo del niño /a. <br> o Favorecer la integración en el grupo. <br> o Incrementar la condición física y la propia tolerancia al ejercicio. <br> o Reducir los ataques ocasionados por el esfuerzo. <br> o Controlar mejor las crisis. <br> o Disminuir el nerviosismo ocasionado por los ataques |

| ANEAE | CARACTERÍSTICAS | PAUTAS DE ACTUACIÓN |
|---|---|---|
| **ALUMNO CON DISCAPACI-DAD PSÍQUICA LEVE** | - Es la presencia de un desarrollo mental incompleto o detenido, con deterioro de las funciones concretas de cada época del desarrollo y que contribuyen al nivel global de la inteligencia, tales como las funciones cognoscitivas, del lenguaje, motrices y la socialización. <br> - Coeficiente Intelectual entre 50 y 70. | - Las informaciones serán concretas precisas, organizadas y simplificadas que lleguen por el mayor número de vías posibles. <br> - Tareas simples. <br> - Vocabulario adaptado. <br> - Periodos cortos de aprendizaje. <br> - Paciencia en el trabajo. <br> - Potenciar la expresión corporal y la creatividad. <br> - Animar y reconocer éxitos. <br> - Trabajar orientado a la mejora de la autonomía. |

| ANEAE | PATRONES DE ACTUACIÓN |
|---|---|
| **ALUMNO CON OBESIDAD** | - Evitar saltos y trabajos continuados. <br> - No hacer esfuerzos bruscos. <br> - Insertar pausas recuperatorias. <br> - Conocimiento de resultados de tipo afectivo y motivador. <br> - Valorar los progresos. <br> - Comunicación con la familia y médico. <br> - Dar pautas alimenticias. |

|  |  |
|---|---|
|  | - Animarlo para que acuda a escuelas deportivas vespertinas.<br>- Favorecer el ejercicio aeróbico.<br>- Controlar el peso en relación a la estatura. |
| **ALUMNA CON CALZADO/PLANTILLAS ORTOPÉDICOS** | - Evitar saltos continuados.<br>- Eludir carreras mantenidas.<br>- Vigilar la forma de los apoyos.<br>- Comunicación con la familia y médico. |

### DISCAPACIDAD AUDITIVA

- Controlar si lleva puesta la prótesis auditiva que facilita su actividad normal en clase y si aporta algún informe médico al respecto.
- Nos apoyaremos en los otros sentidos: visión y tacto sobre todo.
- Uso de señales y signos previamente pactados.
- Ante problemas par atender la tarea, tendremos un discurso sencillo, directo, corto y con entonación clara.
- Lo apoyaremos con un lenguaje no verbal, gesticulando.
- Nos situaremos frente a frente para que puedan leernos los labios.
- Ante las dificultades de atención, usaremos estímulos motivadores con variedad de tipos de recursos, colores, volúmenes, formas, etc.
- Variar las agrupaciones, todos ayudan y cooperan con él o ella.
- Volcarnos en mejorar el componente perceptivo.

### DISCAPACIDAD VISUAL

- Nos apoyaremos en los otros sentidos: auditivo y kinestésico-táctil sobre todo.
- El mensaje oral deberá ser muy claro y concreto.
- Daremos mayor tiempo de percepción y ejecución de las tareas.
- Los móviles serán de colores vivos.
- Variar las agrupaciones, todos ayudan y cooperan con él o ella.
- Volcarnos en mejorar el componente perceptivo.
- Prever el uso del bastón en los desplazamientos.
- Buscar concienzudamente la mejor metodología en cada situación didáctica.

### DISCAPACIDAD MOTRIZ

- Existe mucha variedad. Depende de las circunstancias específicas para proceder de una manera u otra. De forma general, apuntamos:
- Adaptarles los recursos y que estos les resulten fáciles de manejar.
- Procurar una motricidad liviana y fácil. Tener en cuenta ayudas en el trabajo de habilidades que les resulten más complejas, así como el uso de prótesis específicas.
- Prever más pausas de recuperación porque su gasto cardiorrespiratorio es mayor.
- Daremos mayor tiempo en la ejecución de las tareas.
- Variar las agrupaciones, todos ayudan y cooperan con él o ella.
- Volcarnos en mejorar el componente de ejecución.

## DISCAPACIDAD PSÍQUICA

- Nos apoyaremos en los todos sentidos, con mensajes escuetos y claros.
- Preveremos la posibilidad de que realice ensayos antes de la ejecución de "verdad".
- Daremos mayor tiempo durante todo el proceso de percepción, elaboración y ejecución de las tareas.
- A veces es preciso analizar las tareas, paso a paso, aunque estas sean muy sencillas.
- Los recursos que usemos serán muy fáciles de manipular y motivadores.

## DISCAPACIDAD "TRASTORNOS GRAVES DE CONDUCTA"

- Usaremos una metodología participativa, cooperativa y lúdica para integrarlos prontamente en el grupo.
- Darles alguna responsabilidad nos resultará de gran ayuda.
- El juego suele dirigido ser una gran herramienta en la integración.
- La competición educativa en muchos casos es también muy beneficiosa.
- No olvidar una continua motivación.
- Estaremos atentos a cualquier situación conflictiva, incluyendo la posible presión de unos "grupos emergentes" hacia otros.
- Nos volcaremos hacia el desarrollo de las actitudes y las habilidades sociales.

## ALUMNO CON HIPOACUSIA

| | |
|---|---|
| **Diagnóstico:** | Hipoacusia post locutiva a consecuencia de un accidente de circulación. Tiene una pérdida auditiva de 45 decibelios en el oído izquierdo y 43 en el derecho. Posee audífono en ambos. |

| Tipo de dificultades | Tipos de adaptaciones |
|---|---|
| - Posible afectación: Sentido del equilibrio (saltos, giros).<br>- Algunas actividades pueden producir mareos, náuseas y dolor de cabeza.<br>- Posibilidad de no recibir alguna información.<br>- Problemas en la comprensión del habla y vocabulario; orientación hacia estímulos sonoros. | - Explicaciones cortas y precisas, mirándole a la cara para que lea los labios. Utilizar lenguaje no verbal (gestos, mímica), modelos, croquis en la explicación de las actividades.<br>- Asegurarse que ha entendido las realizaciones. Acompañamiento por el docente o compañero/a si es necesario.<br>- Atención al trabajo elevado y con base inestable. |

## ALUMNO CON OBESIDAD

| | |
|---|---|
| **Diagnóstico:** | Tiene una obesidad (tipo II, pre obesidad) asociada a hábitos de vida (alimentación irregular y sedentarismo). Tiene un peso de 52 Kg. y una altura de 1'32 m. Su I.M.C.= 29.84. Tiene seguimiento por parte de su pediatra y del médico del E.O.E. |

| Tipo de dificultades que nos podemos encontrar | Tipos de adaptaciones a realizar |
|---|---|
| - Cansancio excesivo en el trabajo dinámico continuado.<br>- Posibilidad de molestias en tobillos, rodillas y cadera fruto de la exigencia a las articulaciones.<br>-"Torpeza motriz" a la hora de deambular por el espacio. | - Toma de frecuencia cardiaca cuando se sienta muy cansado y pausas.<br>- Es recomendable aumentar el número de sesiones de ejercicio físico, desarrollando la resistencia aeróbica, para favorecer la disminución del peso y el volumen corporal.<br>- Evitar esfuerzos violentos, reduciendo el impacto en las articulaciones. |

| | |
|---|---|
| - Mayor enrojecimiento facial y sudoración que el resto. | - Las actividades a limitar serán los juegos dinámicos continuos y los saltos, porque pueden producir lesiones en pies y rodillas. El calzado debe ser de calidad para que absorba los impactos.<br>- Cuidar la hidratación, desayunos y llevar un seguimiento con su familia. |

| ANEAE | ¿QUÉ LE PASA? | ¿CÓMO ACTUAR? |
|---|---|---|
| **ALUMNO CON ASMA** | - Apariencia ansiosa.<br>- Ventana de la nariz dilatada.<br>- Vómitos.<br>- Cansancio físico no relacionado con la actividad motriz.<br>- Tos sin motivo aparente.<br>- Sudor y palidez.<br>- Frecuencia respiratoria acelerada.<br>- Postura encorvada.<br>- Respiración irregular forzada. | **Actuaciones preventivas**:<br>- Ejercicio físico en ambiente húmedo y templado, con duración de menos de cinco minutos.<br>- Respirar despacio, por la nariz, para reducir posible hiperventilación.<br>- Relajación para control respiratorio.<br><br>**Actuaciones específicas**:<br>- Relajarlo y tranquilizarlo.<br>- Acompañarlo a un sitio ventilado.<br>- Que realice respiración controlada y ejercicios de relajación.<br>- Si tiene medicación, que la tome. |

Debemos señalar la legislación específica, concretamente la **Orden de 25/07/2008**, que regula la atención a la diversidad del alumnado que cursa la educación básica en los centros docentes públicos de Andalucía, BOJA nº 167, de 22 de Agosto (texto consolidado de 2016), así como la "*Actualización protocolo alumnado NEAE*" (Instrucciones 08/03/2017, de la CEJA, D.G. de Participación y Equidad).

### 5. Actividad/es final/es. Tarea integrada terminada o producto social relevante.

Las UDI poseen una **particularidad** esencial consistente en definir desde su principio una **tarea integrada** que debemos tener perfectamente precisada, convirtiéndose de este modo en el **eje central** de la Unidad. La tarea integrada es un conjunto de actividades estructuradas y conexionadas con objeto de conseguir un producto determinado, normalmente de gran aplicación a la vida social diaria. Por ejemplo, en una UDI relacionada con la salud, la tarea puede ser la realización de un muñeco de cartón articulado que hemos ido fabricando durante las sesiones de clase.

Ahora es el momento de glosar el camino que hemos seguido en su realización y que ya anunciamos al comienzo, pero siempre teniendo en cuenta el espacio disponible.

### 6. Procesos cognitivos implicados o tipos de pensamientos que desarrollamos con las actividades.

Mediante el desarrollo de las actividades, implicamos la puesta en marcha de los distintos modelos de pensamiento en beneficio de las competencias. Los procesos cognitivos debemos entenderlos como "modo de pensamiento" proporcionando un servicio primordial en la construcción de la competencia.

Presentamos una tabla-resumen de los distintos tipos de pensamiento extractado del "Proyecto COMBAS" del MECD. En la primera columna figuran los modos de pensar; en la segunda, los relacionamos con los tipos de contenidos (expresiones culturales). En la tercera, un ejemplo-tipo de actividad.

| TIPOS DE PENSAMIENTO | EXPRESIONES CULTURALES | EJEMPLOS DE ACTIVIDADES |
|---|---|---|
| P. Reflexivo | Concepciones (mapas cognitivos). Reconocer nuestras ideas y revisarlas a posteriori. | Propuesta de problema motor: ¿cómo es mejor poner el brazo en el lanzamiento para que la pelota llegue más lejos? ¿Con qué parte de mi cuerpo me puedo impulsar mejor? Dialogar sobre un hecho, su crítica constructiva. Búsqueda de información sobre una idea previa y, posteriormente, puesta en común con el grupo. |
| P. Analítico | Datos y hechos. | Analizar las mejores marcas en un test de 40 metros lisos. Hacemos una tabla para distribuir la tarea de cada sub grupo en relación a la recogida de los materiales. Ejercicios de asimilación a la técnica de la carrera, lanzamiento, salto, volteos, etc. |
| P. Lógico | Conceptos y reglas. Acontecimientos de la vida diaria. ¿Por qué...? | Conceptuar la realidad de alguna habilidad compleja, como la entrada a canasta. Problemas motores: ¿cómo sería mejor hacer...? |
| P. Crítico | Razones e intereses. Distinguir entre lo moderado y no moderado. | Reconocer los beneficios/perjuicios del ejercicio físico bien/mal hecho. |
| P. Creativo | Diseño. Nuevas formas e ideas. | Crear nuevas realidades: inventar un juego, sus reglas, variantes, etc. Ingeniar formas de desplazamiento individual, parejas, grupos... |
| P. Sistémico | Modelos y teorías. Interacción de todos los elementos que se combinan para que se produzca un hecho. | Realizar juegos donde, al mismo tiempo, trabajemos aspectos relacionados con la técnica de realización de una acción, con los elementos tácticos y reglamentarios. Por ejemplo, en fútbol, juegos en espacios reducidos haciendo más énfasis en dar un determinado número de toques. |
| P. Analógico | Metáforas y modelos. Relacionar el conocimiento actual con el siguiente. | Interpretación corporal a partir del relato de un "cuento motor". |
| P. Deliberativo | Criterios y normas. Tomar la mejor opción entre varias posibles. | Juego motor con gran implicación de los aspectos perceptivos corporales, espaciales y temporales. Cómo solucionar una disputa. |
| P. Práctico | Técnicas y programas. La decisión óptima, económica y fácil para automatizarla. | Trabajos sobre la aplicación de las habilidades y destrezas básicas un nivel superior relacionado con la habilidad específica. Ordenar las estaciones de un circuito para que no se reiteren las mismas zonas corporales a trabajar. |

Debemos **reseñarlos** únicamente en cada UDI, aunque podemos explicarlo incluso con ejemplos, a la hora de la exposición oral ante el Tribunal, aportando un **anexo** con un gráfico que demuestre con claridad las justificaciones oportunas.

### 7.- Metodología.

Es la forma de encaminarnos hacia un fin o propósito, la manera concreta de impartir nuestra acción docente. Debemos expresar pautas metodológicas muy concretas. Podemos tomar como referencia las orientaciones metodológicas del área y, por supuesto, las nuestras porque debemos dominar mejor que nadie cómo aplicar y organizar las enseñanzas con ese grupo en función de sus peculiaridades. Por ejemplo, significativa, indagatoria, participativa, donde el alumno es el centro del proceso, globalizada, lúdica, motivadora, etc. El rol del docente es el de guía del proceso, debiéndonos olvidar de la tradicional "clase magistral", poco motivadora en estas edades.

Toda nuestra metodología debe estar **contextualizada** además de ser "**activa**". Es decir, ellas y ellos juegan un papel dinámico escuchando, proponiendo, respondiendo a cuestiones y dando respuesta a los problemas planteados por el maestro o maestra, manipulando los móviles y **vivenciando** el aprendizaje, sobre todo cuando hacemos una actividad complementaria o extraescolar. Es decir, lo contrario a una metodología "directa o pasiva", donde el alumnado se limita a escuchar y obedecer como un "autómata" las consignas del docente. La O. ECD/65/2015, Anexo II, recomienda estrategias metodológicas activas e interactivas.

Por su parte, la O. 17/03/2015, BOJA nº 60, de 27/03/2015, páginas 498 a 537, en su punto 4, "Desarrollo curricular del área de Educación Física", expone una serie de "**orientaciones metodológicas** y ejemplificaciones" que podemos aprovechar parcial o totalmente.

En este sentido, el alumnado tiene un papel de **protagonista** de su propio aprendizaje resolviendo los problemas motores planteados por su maestro. Por ejemplo, ¿cómo es mejor saltar esta valla? También ellas y ellos deben cooperar con los demás miembros del sub-grupo en la elaboración de una propuesta didáctica, como elaborar una coreografía sencilla.

En cualquier caso, la **individualización** siempre debemos tenerla presente, sobre todo si en el grupo hay heterogeneidad de aprendizajes previos y de ritmos de aprendizaje, además de algunos componentes con determinadas **dificultades**, por lo que si en la programación didáctica hemos especificado que en nuestro grupo de referencia tenemos a un alumno con **N.E.A.E.**, en este apartado es donde debemos especificar la **metodología concreta** a llevar a cabo.

Ojo al **error**, que nuestra experiencia nos dice que ocurre en ocasiones, cuando en este apartado manifestamos realizar una metodología indagatoria y, en cambio, en el enunciado de las actividades y ejercicios, son de índole directivo, por lo que demostramos una total falta de coherencia. Por ejemplo, en lugar de escribir "lanzar rodando, con bote, con trayectoria paralela, etc.", que es un "mandato directo", hacerlo así: ¿de cuántas maneras distintas podéis lanzar la bola de tenis?; ¿cómo llegáis más lejos?; ¿cómo se llaman esas trayectorias?

El "**modelo de enseñanza**", término habitual en las UDI para indicar la concreción o forma específica de realizar y organizar nuestra acción didáctica, es lo que conocemos en el ámbito de la Educación Física como "estilo de enseñanza", que podemos también señalar. Por ejemplo, si reseñamos "estilo de resolución de problemas", todos sabemos a lo que nos referimos.

## 8. Agrupamientos.

La forma de **distribuir** el grupo de clase es uno de los factores más **importantes** de la organización en Educación Física, sobre todo si en la sesión hay carreras, lanzamientos, etc., como ya hemos visto antes. Las clases de Educación Física se han estructurado tradicionalmente considerando el grupo como un todo. Sin embargo, la normativa nos dice que la **alternativa didáctica** de dividir al grupo-clase estructurándolo en **subgrupos** es mejor, porque así podemos cubrir más satisfactoriamente sus necesidades. Así pues, estos agrupamientos en pequeños grupos es lo más habitual en nuestras aulas.

En función del espacio disponible en la ficha de la UDI, debemos citar las agrupaciones del alumnado. Los pequeños grupos están relacionados con la enseñanza **cooperativa** e indagatoria, por lo que debemos **favorecerlos**. La individual queda para determinados aprendizajes muy concretos.

¿Qué debemos considerar a la hora de **organizar** el grupo clase de tal manera que cada sub grupo tenga las mismas oportunidades? Zagalaz, Cachón y Lara (2014), indican las siguientes **pautas**:

- Tiempo de duración de las agrupaciones
- Quién toma la decisión de los agrupamientos
- Su composición numérica
- Criterios para su distribución: aspectos sociales, de aprendizaje, etc.
- Disposición/desplazamientos del grupo: formales o geométricas, informales y mixtas.

A partir de lo expuesto, podemos **concretar numéricamente** estos agrupamientos.

- **Organización individual**. Cada alumno realiza la actividad sin ayuda de otro. Correr o estirar los gemelos, por ejemplo.

- **Organización en parejas**. La tarea necesita la colaboración de dos, como pases.

- **Organización en grupos pequeños**. De cuatro a seis para, por ejemplo, hacer juegos de relevos o constituir los grupos de un circuito coordinativo.

- **Organización en sub-grupos (grupos coloquiales)**. Alrededor de ocho componentes. Por ejemplo, manejo de paracaídas en juegos cooperativos que son muy socializadores porque tienen que compartir el móvil. Es muy usada en los "recreos inteligentes" o "saludables".

- **Organización global del grupo**. Ya son todas y todos quienes trabajan al unísono, por ejemplo al hacer una coreografía.

No obstante, ante diversas situaciones didácticas, nos puede interesar mejor el **control** que los docentes ejercemos sobre el grupo. En este caso distinguimos **tres** posibilidades:

- **Formal**. Se corresponde con las disposiciones geométricas tradicionales que están hoy día en desuso, salvo excepciones. Tuvieron mucha importancia hace años porque se partía de la base que las agrupaciones simétricas y rigurosas facilitaban el binomio enseñanza-aprendizaje, pero el empleo de modelos de aprendizaje basados en el descubrimiento las han hecho caducas. El docente tiene todo predeterminado y las organizaciones son rígidas. Es muy usada en coreografías, danza, catas de artes marciales, etc. Por ejemplo, líneas, círculos, despliegue, damero, cuadrados, rombos, estrellas, en escuadra, etc.
- **Semiformal**. Cuando el profesor controla una parte y las disposiciones no son excesivamente rígidas. Es la más utilizada y se consigue un clima favorable, permitiendo la intervención pedagógica del docente asegurando una buena participación. Por ejemplo, los circuitos, o los recorridos.
- **Informal**. Cuando el alumno goza de mayor libertad. Se usa cuando hay mucha confianza con el grupo o cuando utilizamos estilos de índole indagatoria. Por ejemplo, dispersa y libre. Actualmente es la tendencia.

Debemos ser **coherentes** cuando señalemos la organización grupal de las Unidades para que se relacione con los demás elementos metodológicos y la propia metodología especificada en la Programación Didáctica.

### 9. Contextos o ámbitos y escenarios.

El **colegio** con todas sus estancias: aulas, comedor, biblioteca, S.U.M., porches, patios, salas, gimnasios, laboratorios, etc. constituye el **contexto o ámbito** escolar. En cambio, cada uno de estos recintos citados, son los **escenarios**.

En Educación Física debemos especificar los **lugares** donde van a tener lugar las interacciones por las que el alumnado se instruye. Estos espacios, dada la línea que tiene hoy día la educación, pueden ser **múltiples**. Entre los **contextos o ámbitos** más **habituales** en nuestra área, donde van a tener **lugar** las **interacciones**, destacamos:

- **Ámbito Escolar**. Suele ser el más normal, ya que se trata del propio CEIP. Dentro de este contexto distinguimos a los siguientes **escenarios**:
    - Aula **ordinaria o de referencia** del grupo para tratar contenidos más conceptuales, coloquios, etc.
    - Aula de **Informática** para todo lo que signifique multimedia, aunque el aula puede sustituirla en muchos casos porque cuenta con equipamiento portátil, la pizarra digital, etc.
    - Aula **Taller**.
    - Aula de **Motricidad**, o Gimnasio, S.U.M., etc.
    - **Biblioteca**, como centro de recursos, (**B-CREA**: biblioteca escolar como centro de recursos de enseñanza aprendizaje).
    - Aulas **externas** al edificio o **patios, pistas deportivas** exteriores, **porches**, etc.

- **Ámbito Personal**. El alumno/a trabaja solo/a: se mueve, lee, escribe, investiga...
- **Ámbito Familiar**. Chicas y chicos trabajan en casa y se ayudan de las aportaciones de su familia, Internet, libros, etc.
- **Ámbito Socio comunitario**. Tiene lugar fuera del centro. Normalmente supone para el alumnado una "aventura" ya que con ello rompe el espacio único y "rincón de seguridad" que supone el aula. Dentro del ámbito socio comunitario destacamos los siguientes **escenarios**:

- o Piscina o polideportivo municipal, museos, etc.
- o Aula de la **Naturaleza**, como es un parque cercano local o periurbano, o las pistas de esquí en caso de tratarse de una actividad extraescolar. También incluimos la propia calle si es el caso de colaborar o participar en una carrera popular.

**10. Recursos.**

Debemos entenderlos como **mediadores** del proceso de enseñanza-aprendizaje. Si bien hasta ahora los "**recursos espaciales**" eran uno más de este grupo, ya los hemos ubicado en el punto anterior, habida cuenta la importancia que tienen hoy día.

Siguiendo a Cañizares y Carbonero (2016 - 1), señalamos a:

- **Recursos humanos** (docente, alumnado, maestro en prácticas, monitores, etc.).
- **Recursos personales** (ropa y calzado deportivo, útiles de aseo, bañador, etc.).
- **Recursos ambientales.** Es posible que también nos interese especificar lo que Blández (en Blázquez, 2016), califica como "*recursos ambientales*", es decir, dotar al sitio donde vamos a desarrollar la sesión y/o UDI de elementos, calidez y texturas que **motiven** hacia la acción del aprendizaje.
- **Recursos materiales** o **didácticos** a usar por ser **indispensables** para la acción didáctica como **mediadores** del proceso: aros, pelotas, elementos multimedia, libros, petos, conos, tableros de Mini Basket, así como todos los **adaptados** a posibles ANEAE que tengamos, como pelotas con cascabeles, petos fluorescentes, etc. No olvidar los recursos **reciclados** y autoconstruidos por los alumnos, así como cuadernos, fichas, libros, etc. para las actividades de **lectura, escritura y expresión ora**l.

En los últimos años tienen especial significación los recursos **Web**, por ejemplo para buscar en Internet juegos populares o aspectos relacionados con la salud, reglas deportivas, etc. Así pues, dada la importancia que tiene en nuestra sociedad y, por ende, en nuestros centros todo lo relacionado con los **recursos multimedia**, entendemos debemos significar el uso de las TIC a lo largo de la UDI, relacionándolo de una u otra manera. Es una línea de **investigación** que está en continua progresión y perfeccionamiento, por lo que todos los años aparecen **nuevas** posibilidades. Por tal motivo, ofrecemos un listado con las herramientas y plataformas más usadas (aulaplaneta.com):

- **Ludos**.- Plataforma desarrollada por el Ministerio de Educación (MECD). Contiene información y recursos interactivos del área de Educación Física de Primaria para profesores, alumnos, familias y público interesado en la materia: Unidades, blog de juegos, etc.

- **Build a body** (en inglés).- Herramienta interactiva que permite trabajar con nuestro alumnado los sistemas, aparatos y funciones del cuerpo humano en un ambiente lúdico.

- **Con la comida no se juega**.- Instrumento interactivo para tomar conciencia sobre la importancia que tiene una buena alimentación en nuestra salud.

- **Los valores están en juego**.- Interactivo desarrollado por la Junta de Andalucía para fomentar valores tales como la superación, la responsabilidad, el respeto, la solidaridad y la cooperación en el deporte.

- **Buscador de estiramientos**.- Página de la revista Runner's World que propone estiramientos para un buen número de músculos del cuerpo humano. Incluye gráfico, texto explicativo y video para cada uno de los ejercicios.

- **El calentamiento**.- Microcurso con información sobre cómo se estructura una sesión de calentamiento y qué tipo de ejercicios puede y debe incluir.

- **Educación y atletismo**.- Web que ofrece una completa guía para el aprendizaje del atletismo, con información sobre su historia, los distintos tipos de carreras, saltos y lanzamientos, test, guías didácticas y una sección con vocabulario específico.

- **Edmondo**.- Es una herramienta educativa que conecta a docentes y alumnado y que se asimila a una red social.

- **Socretive**.- Es un sistema que permite al profesorado realizar ejercicios o juegos educativos, para que el alumnado los resuelva a través de sus dispositivos móviles.

- **Animoto**.- Es una herramienta digital que permite crear videos de alta calidad en poco tiempo y desde cualquier dispositivo móvil, por lo que es muy socorrida a la hora de hacer **tareas** con vista a colgarlas en la Web del centro.

- **Kahoot**.- Es una plataforma educativa muy popular que se basa en juegos y en preguntas. Podemos colgar cuestionarios, discusiones o encuestas, como las propias para evaluar nuestra acción didáctica.

Debemos **advertir** que, en ocasiones, muchos de los recursos necesarios para trabajar las actividades y ejercicios no los relacionamos. Pero también ocurre lo contrario, es decir, tenemos una rutina de nombrar recursos materiales que no se ajustan a las actividades de la UDI. Así pues, los recursos que consignemos en este apartado debemos después **mencionarlos** al establecer las **actividades y ejercicios**. Por ejemplo, si citamos "aros", alguna de nuestras propuestas deberá ser "juegos de relevos con aros; ¿cómo es más fácil rodar el aro?; ¿quién es capaz de lanzar el aro con una mano y recepcionarlo con la otra?; etc.".

**11.- Temporalización**.

Consiste en señalar el **número** de **sesiones** que vamos a emplear en el desarrollo de la UDI. Este apartado resulta más completo si detallamos brevemente - en una frase- lo que vamos a realizar en cada una de las sesiones. Por ejemplo: "sesión 3: lanzar y tomar con globos y pelotas".

El número de sesiones debe ser muy similar para todas las Unidades. Estamos limitados por las **quince (u otra cantidad)** a las que nos obliga la **Convocatoria**, a la carga lectiva de dos sesiones/semana de 45 minutos (O. 17/03/2015, Anexo 2) y el número total de días lectivos. Para colmo, todo ello debemos presentarlo con un **número muy limitado de páginas**. En resumen:

- 32 semanas lectivas que tiene el curso, aproximadamente.
- Dos módulos de 45 minutos/semana.
- 64 sesiones de clase en el curso, aproximadamente.
- 15 UDI
- 4-5 sesiones por UDI.

- Tener en cuenta si vamos a destinar varias sesiones al inicio del curso para hacer una valoración previa de varios parámetros. Por ejemplo:
  - Si el grado de consecución de competencias y objetivos que muestra el grupo tras una prueba se corresponde con el que deberían tener.
  - Si vamos a aprovechar los primeros días para realizar las fichas personales, encuestas, hablar de qué vamos a hacer durante el curso, el libro y cuaderno a usar, las actividades complementarias y extraescolares previstas, etc.
  - Podemos, igualmente, aprovechar para observar mediante unas sencillas pruebas si algún alumno tiene algún tipo de problema relacionado con rodillas, pies, columna vertebral o con la capacidad cardiorrespiratoria, etc.

### D) VALORACIÓN DE LO APRENDIDO

**1.- Estándares de aprendizaje evaluables relacionados con los criterios de evaluación y objetivos.**

El "**Mapa de Desempeño del Área de Educación Física**" (O. 17/03/2015, páginas 490-497 del BOJA nº 60, de 27/03/2015), presenta la concreción de los objetivos de cada una de las áreas a través de los **criterios** de evaluación **por ciclos,** y su **relación** directa con los **criterios** de **evaluación** de etapa y **estándares** de aprendizaje evaluables, definidos en los Anexos I y II del Real Decreto 126/2014, de 28 de febrero, por el que se establece el currículo básico de la Educación Primaria.

Dado el espacio tan limitado que disponemos, aconsejamos dejarlos señalados tal y como los recoge la O. 17/03/2015, BOJA nº 60, página 60 y siguientes. Pero podemos llevar preparado, de cara a la exposición oral, unos **anexos** que recojan toda la formulación y citar algunos ejemplos.

En este sentido, para el caso de una UDI destinada a 1º ciclo, en la Unidad únicamente especificamos las iniciales que recoge el documento legislativo anterior:

"O.EF.1, O.EF.2 ; C.E.1.1., STD.1.1., STD.1.2"

O.EF. → Objetivo de área de Educación Física.
C.E. → Criterio de evaluación
STD. → Estándar de aprendizaje.

En cualquier caso, aconsejamos que sean **cortos** por cuestiones de objetividad y de espacio. Debemos citar, además de la anterior legislación, a la O. 04/11/2015, por la que se establece la ordenación de la evaluación del proceso de aprendizaje del alumnado de Educación Primaria en la Comunidad Autónoma de Andalucía (BOJA nº 230 de 26/11/2015). Kahoot, Plickers, Socrative, Blicker, entre otras herramientas informáticas, nos son de gran ayuda para hacer la evaluación diagnóstica y formativa. Debemos citarlas si las conocemos y explicar su uso en la exposición de UDI que nos toque en el sorteo.

**2. Indicadores de logro.**

No es un término definido específicamente por la legislación, si bien deducimos se trata de una **concreción** del **estándar** de **aprendizaje** referida al nivel de alcance esperado por el docente en cada uno de sus alumnos y alumnas, de forma que se **integran** directamente en los procesos de evaluación y calificación. Para ello usamos diversos instrumentos, siendo las **rúbricas**, en este caso, las recomendadas por la legislación para valorar el **nivel de logro alcanzado**.

*"Los niveles de desempeño de las competencias se podrán medir a través de indicadores de logro, tales como rúbricas o escalas de evaluación. Estos **indicadores de logro** deben incluir rangos dirigidos a la evaluación de desempeños, que tengan en cuenta el principio de atención a la diversidad"* (O. ECD 65/2015).

**GRÁFICO**. *La concreción del criterio en estándar e indicador de logro.*

**TABLA:** *Ejemplo de concreción desde el criterio hasta la rúbrica, sobre el aprendizaje de la habilidad básica de la carrera salvando obstáculos.*

| |
|---|
| **CRITERIO DE EVALUACIÓN C.E.1.1.**: *"Responder a situaciones sencillas, identificando los movimientos (desplazamientos, lanzamientos, saltos, giros, equilibrios...) mediante la comprensión y conocimiento de sus posibilidades motrices y su intervención corporal ante la variedad de estímulos visuales, auditivos y táctiles.* |
| **ESTÁNDAR DE APRENDIZAJE STD.1.1.**: *"Adapta los desplazamientos a diferentes tipos de entornos y de actividades físico deportivas y artístico expresivas ajustando su realización a los parámetros espacio-temporales y manteniendo el equilibrio postural".* |
| **EJERCICIO LÚDICO PRACTICADO**: Ante seis cuerdas estiradas en el suelo de forma paralela, las tres primeras con distancias iguales y las otras tres con espacios desiguales, ¿cómo eres capaz de correr y saltar las cuerdas sin tocarlas? |
| **INDICADOR DE LOGRO**: "¿Ajusta la carrera a la distancia entre los obstáculos sucesivos que suponen las cuerdas?" |

**TABLA**. *Ejemplo de rúbrica sobre la habilidad básica de la carrera salvando obstáculos.*

| RÚBRICA SOBRE LA HABILIDAD DE LA CARRERA SALVANDO OBSTÁCULOS | | | | |
|---|---|---|---|---|
| **I. de Logro** | **EXCELENTE** | **BUENO** | **MÍNIMO** | **NO LOGRO** |
| Ajusta la carrera a la distancia entre los obstáculos sucesivos que suponen las cuerdas | Coordina la distancia y velocidad más adecuada en espacios iguales y distintos para salvar las cuerdas | Coordina durante todo el recorrido, pero a una velocidad lenta | Coordina la acción, pero pisa una o dos cuerdas | Coordina el paso de las cuerdas colocadas a distancia regular, pero ninguna de las colocadas a distancias irregulares |

En este apartado de la UDI debemos centrarnos en comentar los indicadores de logro que la O. 17/03/2015 indica en el punto 4: "Desarrollo Curricular del Área de Educación Física" (BOJA nº 60, de 27/03/2015, páginas 498 a 537).

### 3. Rúbricas o Matrices de Evaluación para valorar el aprendizaje.

Conviene especificar en este apartado los **instrumentos** a utilizar. Por ejemplo, rúbricas o matrices, lista de control, cuaderno del alumno, escalas de rango, índices de logro o de progreso, etc. y algunos cuestionarios. La evaluación debe estar centrada en los tres momentos:

- Inicial: a partir de la actividad de evaluación de los conocimientos previos. Diagnosticamos la situación inicial con respecto al nuevo aprendizaje a tratar.
- Del proceso: a partir de las actividades de desarrollo, de las de refuerzo y de las de ampliación. Con esta información se detectan errores y se establecen los mecanismos para reconducir el aprendizaje.
- Final: a partir de las actividades de síntesis y de todas las anteriores. Se comprueba la eficacia del proceso.

La **rúbricas** como instrumento de evaluación son citadas en diversas ocasiones por la legislación nacional y autonómica para conocer si nuestro alumnado ha conseguido alcanzar los objetivos propuestos y adquirir el nivel de competencia previsto.

Se corresponden con la "Escalas de Clasificación" de uso habitual en la Educación Física (Blázquez, 2010). Como nos van a ocupar mucho espacio, al igual que hacemos con otros elementos de la UDI, debemos presentarlas como **anexo**, indicando ahora, en este apartado, una mínima referencia.

Son, pues, unas **herramientas** muy acordes para evaluar el aprendizaje por competencias y resultan indispensables con objeto de comprobar la eficacia o valor de la Unidad en su globalidad y de cada uno de sus componentes. A través de ella comprobamos el grado de consecución de las intenciones educativas, el grado de logro competencial alcanzado.

Siguiendo a Sánchez (2016), la matriz o rúbrica **se compone** de: **Encabezado** (lo que vamos a evaluar: objetivo, habilidad, criterio, estándar, competencia, etc.); **Indicador** (cada objetivo o dimensión en que desglosamos el encabezado); **Escala** (niveles o puntuaciones, normalmente de 1 a 4, de los grados de dominio adquirido); **Descriptor** (la descripción de cada uno de los niveles del escalado o nivel de desempeño).

Especificamos ahora cómo realizar nuestras propias rúbricas para así aportar más **originalidad** a nuestra exposición oral de la UDI (Cañizares y Carbonero, 2016 - 1).

*TABLA. Ejemplo genérico de rúbrica.*

| | ENCABEZADO | | | |
|---|---|---|---|---|
| | **4 EXCELENTE** | **3 BUENO** | **2 MÍNIMO** | **1 NO LOGRO** |
| **INDICADOR DE LOGRO 1** | Descripción | Descripción | Descripción | Descripción |
| **INDICADOR DE LOGRO 2** | Descripción | Descripción | Descripción | Descripción |

***TABLA***. *Ejemplo concreto sobre el aprendizaje de la habilidad específica del bote en Mini Basket, tiro de personal y actitud en clase.*

| RÚBRICA SOBRE HABILIDADES EN MINI BASKET | | | | |
|---|---|---|---|---|
| | **EXCELENTE** | **BUENO** | **MÍNIMO** | **NO LOGRO** |
| **REALIZAR BOTE EN ZIG-ZAG** | Coordinado, velocidad y una y otra mano | Coordinado y uso de una y otra mano | Una y otra mano, pero muy despacio | Descoordinado, se le escapa balón |
| **LANZAMIENTO DE CINCO TIROS PERSONAL** | Muy técnico. Encesta 4-5 veces | Anota de vez en cuando. Detalles de inhabilidad. | Anota una vez. Lanza con dos manos. | No anota. Descoordina. Tira "pedrada". |
| **ACTITUDES EN CLASE** | Atento y participativo | Casi siempre atento y participativo | A veces despistado. Una vez llamo atención | Descentrado. En muchas ocasiones llamar atención. |

***TABLA***. *Componentes de una rúbrica para evaluar el uso de las TIC en la UDI de juegos populares.*

| USO DE LAS TIC PARA INVESTIGAR JUEGOS POPULARES | | | | |
|---|---|---|---|---|
| **Indicadores (objetivos)** | **Grados de dominio adquirido** | | | |
| | **1** | **2** | **3** | **4** |
| Utiliza las TIC para descubrir juegos populares de la región. | Es incapaz de utilizar las TIC | Utiliza las TIC de forma guiada | Utiliza las TIC de forma autónoma | Utiliza las TIC de forma autónoma usando diferentes herramientas en función del objeto de la búsqueda |

***TABLA***. *Componentes de una rúbrica a usar como instrumento de evaluación ante un juego dramático.*

| RÚBRICA A USAR COMO INSTRUMENTO O HERRAMIENTA EN LA EVALUACIÓN DE UN JUEGO DRAMÁTICO | | | | |
|---|---|---|---|---|
| **INDICADORES DE LOGRO** | **EXCELENTE** | **BUENO** | **MÍNIMO** | **NO LOGRO** |
| **TÍTULO DEL JUEGO ELEGIDO** | Muy original, adecuado y creativo | Original, adecuado y con cierta creatividad | Poco original, y creativo | Ni original, ni creativo, además de inadecuado |
| **INTERPRETACIÓN DEL GUIÓN** | Expresan muy bien lo previsto en el guión previo | Expresan bien lo previsto en el guión previo | Poco expresivo el guión a representar | Lo realizado no expresa lo previsto en el guión previo |
| **DECORADOS Y VESTUARIO** | Muy adecuados. Concuerdan con la temática desarrollada | Adecuados. Concuerdan con la temática desarrollada | Son relativamente adecuados. Poca relación con la temática del juego | Inadecuados. No se corresponden con la idea del juego dramático |

Hay una serie de **Apps** que nos facilitan su diseño: **RubiStar; Additio App; Erubric**; etc.

**TABLA**: *Relación entre Competencia → Logro → Indicador de logro → Rúbrica.*

| COMPETENCIA Es un saber hacer, su dominio; saber usar los conocimientos, sus procesos y valores. Como es implícita o inobservable, debemos recurrir a los indicadores del nivel de desempeño de competencia, que sí son perceptibles, notorios o visibles, para saber el nivel de desempeño de la competencia logrado. | | |
|---|---|---|
| **LOGRO** El logro es el nivel de conocimiento alcanzado por un alumno en su proceso de aprendizaje. Son niveles de alcances esperados. Muchos logros hacen que el alumno alcance un nivel de competencia adecuado. | **INDICADORES DE LOGRO** El logro no es fácilmente observable, por lo que debemos acudir al "indicador" que, al ser observable, nos permite ver el nivel de logro alcanzado. Así pues, los indicadores de logros a través de indicios, evidencias, pistas, etc. nos hacen evidente el nivel de logro al que ha llegado ese alumno en relación a una competencia. | **EJEMPLO 1:** **Logro →** Diferenciar el lado derecho del izquierdo. **Indicador de ese logro →** Maneja el globo con la mano derecha o izquierda cuando se le pide. **EJEMPLO 2:** **Logro →** Conoce los grandes grupos musculares. **Indicador de ese logro →** Reconoce, ante una representación del cuerpo humano los cuádriceps, abdominales y pectorales. |
| **RÚBRICA:** Para evaluar todo ello usamos diversas herramientas que nos miden el nivel de logro alcanzado, siendo la rúbrica la más habitual. | | |

| EJEMPLO DE RÚBRICA | | | | |
|---|---|---|---|---|
| EVALUAR EL CONOCIMIENTO DE LOS GRANDES GRUPOS MUSCULARES | | | | |
| INDICADOR | EXCELENTE | BUENO | MÍNIMO | NO LOGRO |
| Identifica los grandes grupos musculares humanos | Reconoce todos los grandes grupos | Reconoce casi todos los grandes grupos | Reconoce dos o tres grandes grupos | No es capaz de reconocerlos |

### 4. Criterios de calificación.

Los que vayamos a usar. Normalmente, son: Insuficiente; Suficiente; Bien; Notable; Sobresaliente (R.D. 126/2014).

### 5. Evaluación de la práctica docente (la acción didáctica)

Debemos señalar cómo vamos a evaluar nuestra propia práctica y qué instrumentos usaremos. Por ejemplo, escala de estimación para la autoevaluación del docente, lista de control para la conducta del docente, escala de actitudes del docente y un análisis del cuaderno de sesiones o de las fichas de las sesiones de la UDI, etc.

**TABLA:** *Modelo de cuestionario de evaluación al profesor por el alumnado.*

4: Muy bueno; 3: Bueno; 2: Regular; 1: Malo.

|  | **ASPECTOS A VALORAR** | 4 | 3 | 2 | 1 |
|---|---|---|---|---|---|
| 1 | Explicando la materia lo consideras |  |  |  |  |
| 2 | Facilitando la participación del alumnado es |  |  |  |  |
| 3 | Las relaciones con las alumnas y los alumnos son |  |  |  |  |
| 4 | Los objetivos que marcan son para ti |  |  |  |  |
| 5 | Los métodos que utiliza me parecen |  |  |  |  |
| 6 | La información que nos da es |  |  |  |  |
| 7 | La atención a los problemas individuales es |  |  |  |  |
| 8 | El control y la organización de la clase es |  |  |  |  |
| 9 | Demostrando lo que hay que hacer es |  |  |  |  |
| 10 | Los medios que utiliza para evaluar son |  |  |  |  |
| 11 | Su ritmo de trabajo es |  |  |  |  |
| 12 | La calificación que me ha puesto es en justicia |  |  |  |  |
| 13 | En sus clases el clima de convivencia es |  |  |  |  |
| 14 | Lo que más te gusta de la forma de llevar las clases por parte del profesor, es: <br><br> Y la que menos: |  |  |  |  |
| 15 | ¿Qué le aconsejarías al profesor para mejorar las clases? |  |  |  |  |

### 6.- Autoevaluación de la UDI.

Una vez terminada cada Unidad debemos repasarla para estudiar su **coherencia**, su relación interna, mediante una **autoevaluación**. No se trata, pues, de realizar UDI con todos sus elementos curriculares sin ton ni son, habida cuenta debemos perseguir que sus objetivos tengan relación con los contenidos y criterios de evaluación, las tareas con las actividades y los ejercicios, etc. Por ejemplo, debemos **revisar** y reflexionar sobre:

- ¿Hemos justificado razonadamente la UDI en el conjunto de las existentes para el curso de referencia? En este sentido, ¿está bien contextualizada?
- ¿Tiene coherencia con el resto de las UDI?
- Verificar que los objetivos de las Unidad se relacionan con los expresados para el curso en la Programación Didáctica, así como su correspondencia con los contenidos.
- Si los contenidos los secuenciamos relacionándolos con los objetivos y competencias.
- Si los contenidos están enlazados con las actividades.
- Si todo ello tiene afinidad con los criterios de evaluación, estándares de aprendizaje y los instrumentos a utilizar, como las rúbricas.
- ¿Hemos considerado adecuadamente la evaluación de nuestra propia acción didáctica?
- ¿Qué capacidades de las previstas lograron desarrollar los niños y las niñas? ¿Por qué?
- ¿Hemos citado claramente en la UDI la transversalidad y las relaciones con otras áreas y asignaturas?
- Comprobar las líneas metodológicas y su relación con la propuesta de actividades.
- En cuanto a las organizaciones, ¿hemos tenido en cuenta grupos cooperativos?

- ¿Qué grado de participación de los niños y niñas observamos en la sesión? ¿A qué se debe?
- ¿Realicé mi trabajo con entusiasmo y cariño?, ¿cómo se hace esto evidente?
- ¿Generé un clima emocional positivo dentro del aula?
- ¿Hemos puesto actividades/ejercicios de motivación inicial, refuerzo, ampliación, etc.?
- ¿Los juegos propuestos respondieron a las capacidades, necesidades e intereses del grupo? ¿Cómo y por qué?
- ¿Son los recursos materiales, así como los contextos o ámbitos y escenarios adecuados, diversos y variados para estas actividades? ¿Los hemos señalado también en la Programación?
- ¿Cómo ayudó el uso del material para el logro previsto?
- ¿Tienen las tareas/actividades/ejercicios varios niveles de resolución/gradación, progresan en dificultad y respetan la individualización?
- ¿Hemos considerado actividades de lectura, escritura, expresión oral y uso de las TIC?
- ¿Hemos tenido en cuenta a la diversidad y más concretamente al alumnado con NEE?
- ¿Hemos corregido el estilo expresivo, ortografía, etc.?

Únicamente si hemos revisado y razonado sus vínculos internos, su coherencia, tenemos muchas opciones para **exponerla** con convicción y seguridad en la prueba oral ante el Tribunal.

Así pues, dedicaremos dos o tres renglones para **escribir** en la ficha de la UDI: "reflexión sobre la idoneidad de los elementos tratados: criterios, objetivos, contenidos, tareas, actividades, ejercicios, metodología, etc., para lo cual usaremos una lista de control".

***TABLA:*** *Preguntas que podemos hacernos los docentes para autoevaluarnos.*

| a) ACTIVIDAD DOCENTE: |
|---|
| 1. ¿Preparo reflexivamente mi acción educativa? |
| 2. ¿Hago un seguimiento personal a cada alumno? |
| 3. ¿Utilizo adecuadamente los recursos del centro? |
| 4. ¿Empleo una metodología activa en mis clases? |
| 5. Propicio y motivo la autoevaluación en mi alumnado? |
| 6. ¿Respeto el ritmo de trabajo de cada uno? |
| 7. ¿Comienzo las clases puntualmente? |
| 8. ¿Hago adaptaciones curriculares? |
| 9. ¿Reflexiono a diario sobre mi actividad docente? |
| b) INTERRELACIONES |
| 10. ¿Soy autoritario o tolerante? |
| 11. ¿Tengo ideas negativas previas hacia alguna alumna o alumno? |
| 12. ¿Favorezco el diálogo y el planteamiento de nuevas alternativas en las clases? |
| 13. ¿Colaboro en actividades con los compañeros? |
| c) FORMACIÓN CIENTÍFICO-DIDÁCTICA |
| 14. ¿Leo habitualmente revistas educativas y de Educación Física? |
| 15. ¿Conozco las líneas didácticas actuales? |
| 16. ¿Acudo a actividades de formación científico-didáctica? |

**7.- Coevaluación.**

Nos referimos a la coevaluación grupal como aquella que realizan entre ellos los propios miembros del grupo. La evaluación del grupo que trabaja cooperativamente, por ejemplo el que hemos formado para la realización práctica de la tarea (P.S.R.) -entre otros trabajos-, la efectuamos a través de un cuestionario con pautas de evaluación grupal.

**E) COLABORACIÓN CON LA FAMILIA**

**1. Procesos de implicación de las familias en el desarrollo de la UDI y comunicación durante el proceso.**

Que los padres se integren en el proceso de la educación de sus hijos permitirá optimizar la intervención educativa. Una vez diseñada la estructura de la Unidad, proponemos un trabajo de colaboración al que contribuyan los diferentes miembros de la comunidad educativa, de forma muy especial las familias, para tratar de integrar los esfuerzos de padres, madres, AMPA y Consejo Escolar en el diseño y desarrollo de las programaciones y para su puesta en marcha.

Esto se hace más necesario en el **diseño** de las **tareas**, toda vez que en muchas ocasiones deberemos pedirles su colaboración en actividades complementarias, como una visita a la piscina climatizada municipal; solicitarles información sobre los juegos populares que practicaron; intercambio de información a través de la aplicación "Ipasen". Ésta es la versión para móviles y tabletas de PASEN, el módulo de Séneca que permite la **comunicación** entre los **centros** educativos y las **familias**, tutores legales y alumnado, ofreciendo una serie de funcionalidades tales como asistencia, actividades extraescolares, evaluaciones, comunicación con tutor, etc.

Las medidas de participación de la familia sólo son efectivas cuando las relaciones familia-escuela se desarrollan en un clima de cordialidad y colaboración, situación que no siempre existe en los centros escolares, ya sea por la falta de comunicación o por la incomprensión de unos y otros hacia estos mecanismos de participación.

Muchas de las actividades y programas que se llevan a cabo en los centros educativos pueden y deben realizarse en el ámbito de la familia, por ejemplo sobre actividad física-salud-alimentación. Esta cuestión, que es importante con cualquier alumno/a, se hace imprescindible cuando éste/a presenta algún tipo de dificultad o discapacidad. Madres y padres son los primeros y principales agentes de la educación de su hijo/a, y juegan un rol primordial desde su edad temprana, habida cuenta son las personas que disponen de más oportunidades para influir en el comportamiento y favorecer su desarrollo. Así, cuando las familias están implicadas en los programas de intervención, el mantenimiento y generalización de los aprendizajes hechos por el niño/a tienen más posibilidades de producirse y consolidarse.

Por otro lado, tiene grandes ventajas para los propios padres/madres, pues necesitan sentirse útiles frente a su hijo/a, ser capaces de afrontar el problema y saberse competentes para aportar soluciones, y esto es probablemente uno de los sistemas más eficaces de apoyo para sí mismos. Se trata de orientarlos hacia una colaboración coherente y serena, que redunde en beneficios hacia su hijo/a.

Esta colaboración-participación directa debería entenderse de una manera interactiva, de forma que las familias fueran las colaboradoras de los docentes para la conquista de los objetivos educativos que se plantean y, al mismo tiempo, los profesores fueran cómplices de los padres y madres en su tarea educativa. En ello ayuda mucho la posibilidad de usar las plataformas educativas como medio de relación y comunicación.

La necesidad de establecer una estrecha colaboración entre padres y profesionales (profesores, médicos, psicopedagogos, etc.) viene fundamentada en que ambos disponen de los elementos de información esenciales para optimizar la intervención. Las familias son quienes mejor conocen a sus hijos/as, así como el ambiente en el que crece, y los profesionales dominamos los principios, estrategias y métodos generales de intervención, así como los tratamientos en torno a la discapacidad.

En resumen, durante el diseño de la estructura de la UDI, debemos señalar cauces o líneas de trabajo y colaboración con los diferentes miembros de la comunidad educativa, de forma muy especial las familias, para tratar de integrar sus esfuerzos en el diseño y desarrollo de las programaciones y para su puesta en marcha.

Suscribir **compromisos educativos** y de **convivencia** sería un ejemplo de esta colaboración (O. 22/06/2011), además de una prescripción normativa cuando consideremos necesario.

Ejemplos de **anexos** a presentar son varios. Por ejemplo, circulares a enviar, proyectos a realizar, fotos de la aplicación "Ipasen", etc.

**FUENTES DOCUMENTALES UTILIZADAS.** Debemos señalar las fuentes que hemos usado para su confección, como textos bibliográficos, legislativos y multimedia.

## 6.- EJEMPLO-TIPO DE UDI PARA INCLUIR EN LA PROGRAMACIÓN DIDÁCTICA.

Presentamos un **ejemplo-tipo** de Unidad Didáctica Integrada (UDI) realizado a partir de las **condiciones** que habitualmente exige la **convocatoria** del concurso oposición al cuerpo de maestros señalado por la Junta de Andalucía.

Para **cumplirlas**, incluimos la UDI en dos páginas, usando la letra, tamaño y otras peculiaridades formales pedidas, aunque siempre **respetando** los **criterios** de evaluación que han tenido los **tribunales** en Andalucía en la Convocatoria de 2015.

| A) PRESENTACIÓN/IDENTIFICACIÓN → TÍTULO UDI: SOMOS SALTARINES ||||| 
|---|---|---|---|---|
| UDI | CICLO | NIVEL | TRIMESTRE | ÁREA |
| N° 6 | 2° | 1° | 1° | EDUCACIÓN FÍSICA |

**INTRODUCCIÓN/JUSTIFICACIÓN:** Las edades de 2° ciclo son las más críticas para el aprendizaje de las habilidades y destrezas básicas. El contexto de aprendizaje es normal y nos aprovechamos de los aprendizajes perceptivos previos. Esta UDI también va ligada al área de LCL adquiriendo el vocabulario básico del tema trabajado, por ejemplo. Matemáticas (medidas y aspectos geométricos y numéricos). Está relacionada con el primer criterio de evaluación para el 2° ciclo y el Bloque de contenidos n° 1. Trabajaremos la integración y asimilación de las habilidades adquiridas, poniéndola en práctica en diversas situaciones lúdicas. La tarea integrada prevista es construir una maqueta a partir de mini vallas de diversas alturas con material de desecho (sorbetes de plástico).

### B) CONCRECIÓN CURRICULAR

**1. CRITERIO/S DE EVALUACIÓN. ED. FÍSICA:** C.E.2.1. Integrar y resolver satisfactoriamente variadas situaciones motrices, utilizando las habilidades perceptivo-motrices y básicas más apropiadas para una eficaz solución. **C.E. LC y L.:** C.E.2.9.; **C.E. MAT.:** C.E.2.2.; **C.E. C.N.:** C.E.2.2.

**2. OBJETIVOS DE LA ETAPA Y DEL ÁREA DE EDUCACIÓN FÍSICA PARA LA ETAPA, RELACIONADOS CON LA UDI:** Etapa: K; Área: O.EF.1 y O.EF.2.

**3. OBJETIVOS DE OTRAS ÁREAS/ASIGNATURAS:** O.CN.3; O.LCL.2; O.MAT.8

**4. OBJETIVOS DE ANDALUCÍA:** c) Desarrollar actitudes críticas y hábitos relacionados con la salud y el consumo responsable.

**5. OBJETIVOS DIDÁCTICOS. SU RELACIÓN CON LOS INDICADORES Y LAS CC. CLAVE.** EF.2.1.1. Integrar y resolver satisfactoriamente variadas situaciones motrices; EF.2.1.2. Elegir las habilidades perceptivo-motrices y básicas más apropiadas para resolver de forma eficaz situaciones motrices. **RELACIONADOS CON LAS CC. CLAVE:** CAA; SIEP.

**6. CONTENIDOS.** 1.2. Descubrimiento progresivo a través de la exploración y experimentación de las capacidades perceptivas y su relación con el movimiento. 1.7. Control del cuerpo en situaciones de equilibrio y desequilibrio modificando la base de sustentación, los puntos de apoyo y la posición del centro de gravedad, en diferentes planos. 1.8. Estructuración y percepción espacio-temporal en acciones y situaciones de complejidad creciente. Apreciación de distancias, trayectorias y velocidad. Memorización de recorridos. Reconocimiento de la posición relativa de dos objetos. 1.9. Desarrollo de la autoestima y la confianza en uno mismo a través de la actividad física. Valoración y aceptación de la realidad corporal propia y de los demás. 1.11. Ajuste y utilización eficaz de los elementos fundamentales en las habilidades motrices básicas en medios y situaciones estables y conocidas.

**7. ELEMENTOS TRANSVERSALES.** Igualdad real y efectiva entre hombres y mujeres (coeducación); Tecnologías de la información y la comunicación; Hábitos de vida saludable y deportiva.

**8. COMPETENCIAS CLAVE DESARROLLADAS:** la UDI supone una aportación formativa a las CC. Clave. **CAA:** Adquirir conciencia de las propias capacidades (físicas, intelectuales, emocionales), del proceso y las estrategias necesarias para desarrollarlas, así como de lo que se puede hacer por uno mismo y de lo que se puede hacer con ayuda de otras personas o recursos. Conocer sus potencialidades y carencias, sacando provecho de las primeras y teniendo motivación y voluntad para superar las segundas desde una expectativa de éxito, aumentando progresivamente la seguridad para afrontar nuevos retos de aprendizaje. **SIEP:** Auto superación y actitud positiva en la organización actividades. Toma de decisiones de forma autónoma. Construcción de recursos móviles para los juegos: vallas con diversos materiales. Elaboración de trabajos escritos a través de Internet.

### C) TRANSPOSICIÓN DIDÁCTICA:

**1. TAREA.** Construcción de una maqueta de vallas en miniatura con material de desecho, como los sorbetes de refresco u otros materiales como alambres, tubos de plástico, botes y conos de cartón, etc.

**2. ACTIVIDADES.** Iniciamos con unas preguntas para la reflexión individual y posterior discusión, a partir de un conflicto cognitivo. Buscar información sobre los tipos de vallas en atletismo. Variantes de vallas de aprendizaje. Investigar cómo se pueden graduar en altura. Hacer vallas con otros materiales. Recopilar videos en Internet sobre la enseñanza de la carrera de vallas, la técnica de paso. Alturas de las vallas en función de la categoría de los participantes. Medir las distancias entre las vallas. Señalar los apoyos existentes entre valla y valla en el suelo.

**3. EJERCICIOS:** ¿Somos capaces de imaginarnos vallas en el espacio y correr para saltarlas? ¿Cómo es más fácil saltarlas? ¿Qué pie elige cada uno para saltar y atacar o pasar? Observamos a los demás para decidir quién lo hace mejor e imitarle. ¿Descubrimos cuántos pasos debemos dar para salvar la distancia entre las vallas? Nos auto marcamos el ritmo de carrera. ¿Cómo debemos poner los brazos al correr y saltar? Recorridos de carrera y saltos variados en altura y longitud. ¿Cómo debemos recepcionar tras el salto para no hacernos daño? ¿Cómo son los ejercicios de calentamiento específicos? En grupo, hacemos un test de carreras de vallas.

**4. ATENCIÓN A LA DIVERSIDAD:** Con el alumno que tiene principios de obesidad evitaremos saltos continuados, esfuerzos suaves con más pausas y daremos feedback de tipo afectivo y motivador, aunque también correctivo si fuese necesario.

**5. PRODUCTO SOCIAL RELEVANTE:** Exposición durante la semana antes de Navidad, en los pasillos de la primera planta del trabajo para que lo vea toda la Comunidad Educativa.

**6. TIPOS DE PENSAMIENTO:** P. Deliberativo: tomar la mejor opción de carrera y salto entre las posibles. P. Práctico porque buscamos que la acción a sea efectiva, económica y bien hecha para convertirlas en rutinarias con vista a aprendizaje superiores más complejos.

**7. METODOLOGÍA:** Individualizada, creadora, investigadora, cooperativa y significativa.

**8. AGRUPAMIENTOS:** Flexibles y variados: parejas en ejercicios; grupos pequeños en actividades basadas en problemas (A.B.P.); grupos coloquiales en trabajos cooperativos.

**9. CONTEXTOS O ÁMBITOS Y ESCENARIOS:** Ámbito escolar: gimnasio, aula de informática y de taller. Ámbito familiar: preguntas a familiares, uso del ordenador personal.

**10. RECURSOS:** Conos, cuerdas, picas. Material de desecho: cartones, botes y sorbetes. Internet.

**11. TEMPORALIZACIÓN:** 1ª S.: Ev. Inicial. Presentación tarea. Construcción de vallas. Saltos. Datos para buscar información en Internet. 2ª S.: carreras y saltos. ¿cómo es más fácil? 3ª S.: construcción del P.S.R. Relevos. 4ª S.: Test de saltos. Evaluación: rúbricas y P.S.R.

## D) VALORACIÓN DE LO APRENDIDO:

**ESTÁNDARES DE APRENDIZAJE EVALUABLES RELACIONADOS CON LOS CRITERIOS DE EVALUACIÓN DE CICLO Y OBJETIVOS.** STD. 1.1. Adapta los desplazamientos a diferentes tipos de entornos y de actividades físico deportivas y artístico expresivas ajustando su realización a los parámetros espacio-temporales y manteniendo el equilibrio postural. STD. 1.2. Adapta la habilidad motriz básica de salto a diferentes tipos de entornos y de actividades físico deportivas y artístico expresivas, ajustando su realización a los parámetros espacio-temporales y manteniendo el equilibrio postural. STD. 1.5. Mantiene el equilibrio en diferentes posiciones y superficies.

**2. INDICADORES DE LOGRO:** EF.2.1.1. Integra y resuelve satisfactoriamente variadas situaciones motrices; EF.2.1.2. Elige las habilidades perceptivo-motrices y básicas más apropiadas para resolver de forma eficaz situaciones motrices.

**3. RÚBRICAS:** Sobre la carrera y salto teniendo a las cuerdas puestas en el suelo como obstáculo (indicadores a partir de los criterios de evaluación y estándares de aprendizaje.

**4. CRITERIOS DE CALIFICACIÓN:** insuficiente; suficiente; bien; notable; sobresaliente.

**5. EVALUACIÓN DE LA PRÁCTICA DOCENTE:** Cuestionario a rellenar por el alumnado.

**6. AUTOEVALUACIÓN DE LA UDI:** cuestionarios con ítems para valorar nuestro propio trabajo

**7. COEVALUACIÓN:** cuestionario con pautas de "coevaluación grupal": ¿he colaborado con mis compañeros?; ¿qué he aportado al grupo?; ¿he respetado los tiempos, recursos, reglas de los juegos?

## E) COLABORACIÓN CON LA FAMILIA

Procesos compartidos en la puesta en marcha de la UDI. Actividades en colaboración con las familias: trabajo en casa, como búsqueda de información sobre los tipos de vallas de atletismo, con el uso de las TIC/TAC. Tutoría electrónica y comunicación a través de la herramienta PASEN integrada en el programa de gestión "Séneca", si fuese necesario.

**FUENTES UTILIZADAS**: libros, textos varios, legislación e Internet. **ANEXOS A MOSTRAR.**

## CONCLUSIONES.

Los autores hemos volcado tanto en este libro como en los anteriores de la Colección, toda nuestra ilusión y experiencia acumulada a través de los muchos años de dedicación a la preparación de oposiciones.

Hemos querido dejar muy claro todos los aspectos que los tribunales suelen tener más en cuenta, si bien esto es muy relativo.

La propuesta que hacemos de diseño de UDI es la que hemos venido perfeccionando a lo largo de los últimos años adecuándolas a lo expresado en las convocatorias y a la legislación nacional y autonómica (Andalucía) actual vigente. Siempre nos ha dado muy buen resultado, aunque consideramos que cada persona lectora debe adaptarla a sus condiciones y posibilidades de realización y exposición oral.

En cualquier caso, reconocemos la importancia de adecuar el **discurso** de la exposición oral a nuestras posibilidades reales. No nos vamos a ganar la nota en la presentación por escrito de las UDI conjuntamente con la Programación Didáctica, realmente la logramos con la riqueza y calidad en la **exposición oral**, por lo que ésta se establece como decisiva.

Por último, deseamos renovar nuestro compromiso en aclarar dudas o contestar sugerencias que nos hagan los lectores. Para ello ponemos a su disposición esta dirección de mail:

**oposicionedfisica@gmail.com**

## BIBLIOGRAFÍA.

BLÁZQUEZ, D.; CAPLLONCH, M.; GONZÁLEZ, C.; LLEIXÁ, T.; (2010). *Didáctica de la Educación Física. Formación del profesorado*. Graó. Barcelona.

BLÁZQUEZ, D. (coord.) (2016). *Métodos de enseñanza en educación física. Enfoques innovadores para la enseñanza de competencias*. INDE. Barcelona.

CAÑIZARES, J. Mª y CARBONERO, C. (2016) -1-. *Temario de oposiciones de Educación Física (LOMCE). Acceso al Cuerpo de Maestros*. Wanceulen. Sevilla.

CAÑIZARES, J. Mª y CARBONERO, C. (2016) -2-. *Enciclopedia de la Educación Física en la edad escolar*. Wanceulen. Sevilla.

CAÑIZARES, J. Mª y CARBONERO, C. (2016) -3-. *Programación Didáctica (Lomce) en Educación Física: guía para su realización y defensa*. Wanceulen. Sevilla.

CAÑIZARES, J. Mª y CARBONERO, C. (2008). *Programación Didáctica en Educación Física. Guía para su realización*. Wanceulen. Sevilla.

CASTAÑO, J. (2006). *Propuesta didáctica para el Área de Educación Física*. Wanceulen. Sevilla.

COLL, C. (2007), *Las competencias básicas en la educación escolar: algo más que una moda y mucho menos que un remedio*. Aula de Innovación Educativa, 161, 34-39. Editorial Grao. Barcelona.

CHINCHILLA, J. L. y VALDIVIA, R. (1998). *Educación Física en Primaria*. (Varios tomos). CCS. Madrid.

CHINCHILLA, J. L. y MORENO, J. L. (1999). *Desarrollo curricular de la Educación Física en Primaria*. (Tres tomos). Wanceulen. Sevilla.

CONTRERAS, O. y CUEVAS, R. (2011). *Las Competencias Básicas desde la Educación Física*. INDE, Barcelona.

DEL VALLE, S. y GARCÍA, M. J. (2007). *Cómo programar en educación física paso a paso*. INDE. Barcelona.

DOMÍNGUEZ, S. y DUQUE, M. J. (2002). *Sesiones de Educación Física para Primaria*. Wanceulen. Sevilla.

ESCAMILLA, A. (1995). *Unidades didácticas: una propuesta de trabajo en el aula*. Edelvives. Zaragoza.

GIJÓN, J. y BINABURU, J. A. (2007). *Cómo elaborar unidades didácticas en secundaria*. Fundación Ecoem. Sevilla.

GONZÁLEZ, A. (2007). *Planteamiento globalizado para Educación Primaria. La Bicicleta*. Wanceulen. Sevilla

GONZÁLEZ RAMOS, J. y OTROS (1998). *Programación curricular y unidades didácticas*. Escuela Española. Madrid.

GUARRO, A. y LUENGO, F. (2010), *Las competencias básicas: la cultura imprescindible al servicio de todos*. Módulo 6 Programa PICBA. CEJA. Sevilla.

JUNTA DE ANDALUCÍA (2010). *Orden de 03/08/2010, por la que se regulan los servicios complementarios de la enseñanza de aula matinal, comedor escolar y actividades extraescolares en los centros docentes públicos, así como la ampliación de horario*. BOJA núm. 158 de 12/08/2010.

JUNTA DE ANDALUCÍA (2008). *Orden de 25/07/2008, por la que se regula la atención a la diversidad del alumnado que cursa la educación básica en los centros docentes públicos de Andalucía*. BOJA nº 167, de 22 de Agosto.

JUNTA DE ANDALUCÍA (2007). *Ley 17/2007, de 10 de diciembre, de Educación en Andalucía*. (L. E. A.) B.O.J.A. nº 252, de 26/12/2007.

JUNTA DE ANDALUCÍA (2010). *Decreto 328/2010, por el que se aprueba el Reglamento Orgánico de las escuelas infantiles de segundo grado, de los colegios de educación infantil y primaria, de los colegios de educación primaria, y de los centros públicos específicos de educación especial*. B.O.J.A. nº 139, de 16/07/2010.

JUNTA DE ANDALUCÍA (2010). *Orden de 20 de agosto de 2010, por la que se regula la organización y el funcionamiento de las escuelas infantiles de segundo ciclo, de los colegios de educación infantil y primaria, de los colegios de educación primaria, y de los centros públicos específicos de educación especial, así como el horario de los centros, del alumnado y del profesorado*. B.O.J.A. nº 169, de 30/08/2010.

JUNTA DE ANDALUCÍA (2012). *Guía sobre buenas prácticas docentes para el desarrollo en el aula de las competencias básicas del alumnado*. CEJA. Sevilla.

JUNTA DE ANDALUCÍA (2015). *Decreto 97/2015, de 3 de marzo, por el que se establece la ordenación y el currículo de la educación Primaria en la comunidad Autónoma de Andalucía*. B.O.J.A. nº 50 de 13/03/2015.

JUNTA DE ANDALUCÍA (2015). *Orden de 17 de marzo de 2015, por la que se desarrolla el currículo correspondiente a la educación Primaria en Andalucía*. B.O.J.A .nº 60 de 27/03/2015.

JUNTA DE ANDALUCÍA (2015). *Orden de 04 de noviembre de 2015, por la que se establece la ordenación de la evaluación del proceso de aprendizaje del alumnado de educación primaria en la Comunidad Autónoma de Andalucía.* B.O.J.A. nº 230, de 26/11/2015.

JUNTA DE ANDALUCÍA (2017). CEJA, D. G. de Participación y Equidad. *Instrucciones 08-03-2017. Actualización protocolo alumnado NEAE.*

LAGUNA, M. (2013), *Crear contextos de aprendizaje en el marco de las bibliotecas escolares.* Revista Códices, IX-1. La Salle. Bogotá.

MARTÍNEZ, L. (2011). *Educación Física, Transversalidad y Valores.* Praxis. México.

M.E.C. y M. de Sanidad. (2009) *Ganar en salud en la escuela. Guía para conseguirlo.* Madrid.

MECD - CNIIE (2014). *Guía para la formación en centros sobre competencias básicas y aplicación digital.* Madrid.

M. E. C. (2006). *Ley Orgánica de Educación (L.O.E.) 2/2006, de 3 de mayo, de Educación.* B. O. E. nº 106, de 04/05/2006, modificada en determinados artículos por la LOMCE/2013.

M. E. C. (2013). *Ley Orgánica 8/2013, de 9 de diciembre, para la mejora de la calidad educativa.* (LOMCE). B.O.E. nº 295, de 10/12/2013.

M. E. C. (2014). *Real Decreto 126/2014, de 28 de febrero, por el que se establece el currículo básico de la Educación Primaria.* B.O.E. nº 52, de 01/03/2014.

M.E.C. (2015). *Orden ECD/65/2015, de 21 de enero, por la que se describen las relaciones entre las competencias, los contenidos y los criterios de evaluación de la educación primaria, la educación secundaria obligatoria y el bachillerato.* B.O.E. nº 25, de 29/01/2015.

MAZÓN, V., -Coord.- (2001). *Programación de la Educación Física en Primaria.* (Varios tomos). INDE. Barcelona.

MAZÓN, V., -Coord.- (2011). *Programación de la Educación Física basada en competencias. Primaria.* (Varios tomos). INDE. Barcelona.

MOYA, J. y LUENGO, F. (2011). *Teoría y práctica de las Competencias Básicas.* Barcelona: Grao.

MOYA, J. y HORCAJO, F. (2010), *La concreción curricular de las competencias básicas: un modelo adaptativo e integrado.* Revista CEE Participación Educativa, 15, 127-141. MEC. Madrid.

MOYA, J. y CLAVIJO, M. J. (2010), *Aprovechar las oportunidades que ofrece el currículo para aprender competencias básicas.* Módulo 7 Programa PICBA. CEJA. Sevilla.

RIVADENEYRA, M. L. y SICILIA, A. (2004). *La percepción espacio-temporal y la iniciación a los deportes de equipo en Primaria. Unidades Didácticas para Primaria.* INDE. Barcelona.

RODRÍGUEZ, J. (2011), *Los rincones de trabajo en el desarrollo de competencias básicas.* Revista Docencia e Investigación, 21, 105-130. Escuela Universitaria de Toledo.

RODRÍGUEZ GARCÍA, P. L. (2006). *Educación Física y salud en Primaria.* INDE. Barcelona.

RODRÍGUEZ GALLEGO, M. (2001). *Diseño de Unidades Didácticas en Educación Primaria.* En HERVÁS, C. y RODRÍGUEZ, J. (coords.) *Cómo elaborar Unidades Didácticas.* FETE-UGT. Sevilla.

TORRE, E. y GIRELA, M. J. (1997). *Desarrollo de los Temas Transversales desde el Área de Educación Física.* En DELGADO, M. A. -Coord.- *Formación y Actualización del profesorado de Educación Física y del Entrenamiento Deportivo.* Wanceulen. Sevilla.

VALERO, A. (2002). *El juego en la Educación Primaria*. En MORENO, J. A. -coord.- *Aprendizaje a través del juego*. Aljibe. Archidona (Málaga).

VICIANA, J. (2002). *Planificar en Educación Física*. INDE. Barcelona.

SÁNCHEZ, A. R. (2016). *APPS educativas, rúbricas y unidades didácticas integradas: un nuevo universo en las programaciones didácticas*. Formación Continuada Logoss. Jaén.

ZAGALAZ, Mª L.; CACHÓN, J.; LARA, A. (2014). *Fundamentos de la programación de Educación Física en Primaria*. Síntesis. Madrid.

## WEBGRAFÍA.

http://www.juntadeandalucia.es/educacion/descargasrecursos/curriculo-primaria/pdf/PDF/textocompleto.pdf

http://centros6.pntic.mec.es/cea.pablo.guzman/ccnaturales/programaciones.htm

http://revistas.lasalle.edu.co/index.php/co/article/view/2374

http://mestreacasa.gva.es/c/documentlibrary/getfile?folderId=500015070659&name=DLFE-953475.pdf

http://www.tareasccbb.es/tareas/

https://es.slideshare.net/ceipduquesadelavictoria/proceso-elaboracion-udi

https://es.slideshare.net/cursotdah/udi-48256292?qid=f709c920-dd32-4513-a9e5-46705174e1ec&v=&b=&fromsearch=54

https://evaluareneducacionprimaria.wordpress.com

https://ruc.udc.es/dspace/

https://uvadoc.uva.es/bitstream/10324/16018/1/TFG-L1135.pdf

http://www.ecobachillerato.com/programacion/primaria.htm

http://www.primaria.profes.net/programaciones2.asp

http://www.indexnet.santillana.es/scripts/indexnet/primaria/iBien.asp

http://www.anayaeducacion.com/menu.html?nav=2

http://www.ecir.com/

http://www.edelvives.es/recursos/programaciones.php

http://www.educaguia.com

http://www.maestroteca.com/browse.php3?cat=3

http://www.educacion-fisica.es.vg/

http://w3.cnice.mec.es/recursos/pagprof/educacionfisica.htm

# 2ª PARTE:
# ANEXOS LEGISLATIVOS DE APOYO A LA REALIZACIÓN DE LAS UDI

## A N E X O S

1.- CRITERIOS DE EVALUACIÓN DE LA UDI QUE HAN VENIDO TENIENDO LOS TRIBUNALES.

2.- OBJETIVOS DE LA ETAPA PRIMARIA.

3.- OBJETIVOS DEL ÁREA O ASIGNATURA DE EDUCACIÓN FÍSICA A CONSEGUIR A LO LARGO DE LOS SEIS CURSOS DE LA ETAPA PRIMARIA.

4.- EJEMPLOS DE RELACIONES ENTRE EDUCACIÓN FÍSICA Y LOS ELEMENTOS TRANSVERSALES.

5.- EJEMPLOS DE RELACIONES ENTRE EDUCACIÓN FÍSICA CON OTRAS ÁREAS.

6.- EJEMPLOS DE RELACIONES ENTRE EDUCACIÓN FÍSICA Y COMPETENCIAS CLAVE.

7.- CRITERIOS DE EVALUACIÓN Y ESTÁNDARES DE EDUCACIÓN FÍSICA.

8.- CRITERIOS DE EVALUACIÓN Y ESTÁNDARES DE LENGUA CASTELLANA Y LITERATURA.

9.- CRITERIOS DE EVALUACIÓN Y ESTÁNDARES DE CIENCIAS SOCIALES.

10.- CRITERIOS DE EVALUACIÓN Y ESTÁNDARES DE MATEMÁTICAS.

11.- CRITERIOS DE EVALUACIÓN Y ESTÁNDARES DE CC. DE LA NATURALEZA.

12.- CONTENIDOS DE EDUCACIÓN FÍSICA Y SU SECUENCIACIÓN.

13.- CARACTERÍSTICAS DE LAS EDADES PROPIAS DE LA ETAPA PRIMARIA

# ANEXO 1

## 1.- CRITERIOS DE EVALUACIÓN DE LA UDI QUE HAN VENIDO APLICANDO LOS TRIBUNALES.

Saber cómo nos van a valorar supone tener un valor añadido a la hora de prepararnos las oposiciones, habida cuenta deberemos insistir en esos parámetros.

Presentamos los más recientes a los que hemos tenido acceso, si bien los presentamos como una idea, porque suelen cambiar de manera más o menos significativa en cada convocatoria.

### A) CRITERIOS DE EVLUACIÓN DE LA UDI QUE APLICAN LOS TRIBUNALES EN LAS OPOSICIONES DE ANDALUCÍA 2015.

La CEJA publica los siguientes **tres grupos** de **criterios** en junio de **2015**, dando lugar a su "**modelo oficial**" de UDI para Andalucía.

**1. Contextualización.**

a) Relación con la vida cotidiana y el entorno inmediato del alumnado.
b) Atención y adaptación a las características y necesidades de aprendizaje del alumnado.

**2. Elementos de la Unidad Didáctica Integrada (LOMCE/2013).**

A) PRESENTACIÓN:

- Título, curso, áreas implicadas, justificación y temporización

B) CONCRECIÓN CURRICULAR:

- Área/s elegida/s
- Criterios de evaluación bien seleccionados
- Objetivos del área/s
- Contenidos acordes con los objetivos
- Competencias Clave que se desarrollan
- Indicadores de logro

C) TRANSPOSICIÓN DIDÁCTICA:

- Tareas bien definidas, adecuadas al alumnado al que van dirigidas y coherentes con los criterios que se quieren alcanzar.
- Las actividades mantienen viva la atención del alumnado, se gradúa la dificultad y presentan situaciones variadas.
- Distribución temporal.
- Suponen la utilización de recursos variados.
- Se especifica la metodología didáctica aplicable y ésta es adecuada al planteamiento.
- Hace referencia a los escenarios y contextos donde se realizan las actividades, así como a los agrupamientos que se realizan.

D) ATENCIÓN A LA DIVERSIDAD:

- Se plantean actividades con diferentes niveles de adaptación.

F) VALORACIÓN DE LOS APRENDIZAJES:

- Instrumentos de evaluación que garantizan la evaluación continua.
- Presenta rúbrica/s de valoración de los indicadores de logro.

### 3. Expresión oral de la UDI. Expresión.

a) Exposición clara, ordenada y coherente de los contenidos.
b) Precisión y rigor en el uso terminológico de la especialidad.
c) Riqueza léxica y sintaxis fluida, sin correcciones.
d) Debida corrección ortográfica (guión y/o uso de la pizarra).

## B) CRITERIOS DE EVALUACIÓN EN LA EXPOSICIÓN ORAL DE LA UNIDAD DIDÁCTICA EN LA C. A. DE CASTILLA-LA MANCHA (2016).

CONCURSO-OPOSICIÓN 2.016- TOLEDO                    EDUCACIÓN FÍSICA

CRITERIOS DE EVALUACIÓN PARA LA UNIDAD DIDÁCTICA. 2ª PRUEBA.

| CRITERIOS DE EVALUACIÓN | INDICADORES | VALORACIÓN |
|---|---|---|
| 1. EXPOSICIÓN ORAL DE LA UNIDAD DIDÁCTICA. | 1.1.- Presenta el contenido de la programación de forma ordenada, pausada y clara.<br>1.2.- Destaca las ideas más importantes del contenido de la unidad objeto de la exposición.<br>1.3.- Utiliza el vocabulario científico y técnico de forma correcta, relacionándolo de manera adecuada con el contenido al que hace referencia.<br>1.4.- La exposición es dinámica y fácil de seguir.<br>1.5.- Cuida los elementos no verbales como la gestualización, el tono de voz, etc. | MÁXIMO: 1.50 puntos |
| 2. PROGRAMACIÓN DE LA UNIDAD DIDÁCTICA. | 2.1.- Introducción, justificación, nivel al que va dirigida y concreción curricular. Haciendo referencia a las peculiaridades del contexto, aspectos relevantes del proyecto de centro, aspectos relevantes de la programación didáctica.<br>2.2.- Se realiza una concreción de los objetivos que se pretenden conseguir. Objetivos didácticos relacionados con los objetivos generales de la Educación Primaria.<br>2.3.- Se organizan los contenidos atendiendo a la temporalización establecida, relacionándolos con los bloques de contenidos de la etapa y nivel adecuado.<br>2.4.- Se reflejan los criterios de evaluación, los estándares de aprendizaje e indicadores de logro a conseguir.<br>2.5.- Establece momentos, procedimientos y estrategias de evaluación<br>2.6.- Se relacionan las competencias clave a desarrollar.<br>2.7.- Se relacionan los principios, estrategias y criterios metodológicos.<br>2.8.- Organización de espacios y tiempos.<br>2.9.- Organización de recursos y materiales. Utilización de recursos innovadores. | MÁXIMO: 7.50 Puntos. |

## C) CRITERIOS DE EVALUACIÓN EN LA EXPOSICIÓN ORAL DE LA UNIDAD DIDÁCTICA EN LA C. A. DE EXTREMADURA (2016).

- Justifica y contextualiza la Unidad Didáctica dentro de la Programación y de acuerdo con el contexto y el grupo de alumnos/as a los que va dirigida.
- Está estructurada, con los distintos elementos que configuran las unidades didácticas expuestas de manera coherente.
- La propuesta de los objetivos de aprendizaje está bien formulada técnicamente y concreta los de la programación.
- Las actividades propuestas contribuyen al logro de los objetivos propuestos.

- Las actividades propuestas son variadas, motivadoras, a realizar en distintos tipos de agrupamientos.
- Las actividades contemplan la atención a la diversidad, graduando la dificultad.
- Las actividades propuestas requieren el uso de materiales variados.
- Hay una secuenciación lógica para el desarrollo de las distintas actividades.
- Se contemplan actividades para la evaluación, en coherencia con planteamiento de la unidad.
- Se prevé el uso de recursos didácticos variados y, expresamente los tecnológicos.
- Uso de un lenguaje rico, fluido y técnicamente ajustado a los planteamientos teóricos y científicos de la Educación Física.
- Utiliza un discurso ameno, manifestando seguridad en su expresión y despertando interés por lo expuesto.

## 2.- OBJETIVOS DE LA ETAPA PRIMARIA.

Artículo 7. Objetivos de la Educación Primaria (R.D. 126/2014)

La Educación Primaria contribuirá a desarrollar en los niños y niñas las capacidades que les permitan:

a) Conocer y apreciar los valores y las normas de convivencia, aprender a obrar de acuerdo con ellas, prepararse para el ejercicio activo de la ciudadanía y respetar los derechos humanos, así como el pluralismo propio de una sociedad democrática.

b) Desarrollar hábitos de trabajo individual y de equipo, de esfuerzo y de responsabilidad en el estudio, así como actitudes de confianza en sí mismo, sentido crítico, iniciativa personal, curiosidad, interés y creatividad en el aprendizaje, y espíritu emprendedor.

c) Adquirir habilidades para la prevención y para la resolución pacífica de conflictos, que les permitan desenvolverse con autonomía en el ámbito familiar y doméstico, así como en los grupos sociales con los que se relacionan.

d) Conocer, comprender y respetar las diferentes culturas y las diferencias entre las personas, la igualdad de derechos y oportunidades de hombres y mujeres y la no discriminación de personas con discapacidad.

e) Conocer y utilizar de manera apropiada la lengua castellana y, si la hubiere, la lengua cooficial de la Comunidad Autónoma y desarrollar hábitos de lectura.

f) Adquirir en, al menos, una lengua extranjera la competencia comunicativa básica que les permita expresar y comprender mensajes sencillos y desenvolverse en situaciones cotidianas.

g) Desarrollar las competencias matemáticas básicas e iniciarse en la resolución de problemas que requieran la realización de operaciones elementales de cálculo, conocimientos geométricos y estimaciones, así como ser capaces de aplicarlos a las situaciones de su vida cotidiana.

h) Conocer los aspectos fundamentales de las Ciencias de la Naturaleza, las Ciencias Sociales, la Geografía, la Historia y la Cultura.

i) Iniciarse en la utilización, para el aprendizaje, de las Tecnologías de la Información y la Comunicación desarrollando un espíritu crítico ante los mensajes que reciben y elaboran.

j) Utilizar diferentes representaciones y expresiones artísticas e iniciarse en la construcción de propuestas visuales y audiovisuales.

k) Valorar la higiene y la salud, aceptar el propio cuerpo y el de los otros, respetar las diferencias y utilizar la educación física y el deporte como medios para favorecer el desarrollo personal y social.

l) Conocer y valorar los animales más próximos al ser humano y adoptar modos de comportamiento que favorezcan su cuidado.

m) Desarrollar sus capacidades afectivas en todos los ámbitos de la personalidad y en sus relaciones con los demás, así como una actitud contraria a la violencia, a los prejuicios de cualquier tipo y a los estereotipos sexistas.
n) Fomentar la educación vial y actitudes de respeto que incidan en la prevención de los accidentes de tráfico.

## 3.- OBJETIVOS DEL ÁREA O ASIGNATURA DE EDUCACIÓN FÍSICA A CONSEGUIR A LO LARGO DE LOS SEIS CURSOS DE LA ETAPA PRIMARIA.

Los objetivos que indica para el área/asignatura de Educación Física la O. 17/03/2015, por la que se desarrolla el currículo correspondiente a la Educación Primaria en Andalucía, BOJA nº 60, de 27/03/2015, son:

*O.EF.1. Conocer su propio cuerpo y sus posibilidades motrices con el espacio y el tiempo, ampliando este conocimiento al cuerpo de los demás.*

*O.EF.2. Reconocer y utilizar sus capacidades físicas, habilidades motrices y conocimiento de la estructura y funcionamiento del cuerpo para el desarrollo motor mediante la adaptación del movimiento a nuevas situaciones de la vida cotidiana.*

*O.EF.3. Utilizar la imaginación, creatividad y la expresividad corporal a través del movimiento para comunicar emociones, sensaciones, ideas y estados de ánimo, así como comprender mensajes expresados de este modo.*

*O.EF.4. Adquirir hábitos de ejercicio físico orientados a una correcta ejecución motriz, a la salud y al bienestar personal, del mismo modo, apreciar y reconocer los efectos del ejercicio físico, la alimentación, el esfuerzo y hábitos posturales para adoptar actitud crítica ante prácticas perjudiciales para la salud.*

*O.EF.5 Desarrollar actitudes y hábitos de tipo cooperativo y social basados en el juego limpio, la solidaridad, la tolerancia, el respeto y la aceptación de las normas de convivencia ofreciendo el diálogo en la resolución de problemas y evitando discriminaciones de género, culturales y sociales.*

*O.EF.6. Conocer y valorar la diversidad de actividades físicas, lúdicas, deportivas y artísticas como propuesta al tiempo de ocio y forma de mejorar las relaciones sociales y la capacidad física y además teniendo en cuenta el cuidado del entorno natural donde se desarrollen dichas actividades.*

*O.EF.7. Utilizar las TIC, como recurso de apoyo al área, para acceder, indagar y compartir información relativa a la actividad física y el deporte.*

## 4.- EJEMPLOS DE RELACIONES ENTRE EDUCACIÓN FÍSICA Y LOS ELEMENTOS TRANSVERSALES.

Nos centramos en lo que expone el R.D. 12/2014, pero también podemos referirnos a algunos autores que tratan este tema en su bibliografía. Para ello proponemos muchas muestras para personalizar nuestro trabajo Torre y Girela (1997) y Martínez (2011). Ahora presentamos ejemplos de cada temática relacionada con el elemento transversal (Cañizares y Carbonero, 2016 - 2):

- **Respeto al Medio Ambiente.**- Nos ayuda a recoger información del medio y sus problemas.

- Actividades en el medio natural: juegos, natación, marchas y acampadas, esquí, trineo, patinaje sobre hielo, etc.
- Fomento de actitudes de respeto y cuidado del medio.
- Juegos expresivos sobre la relación entre la persona y el medio, la degradación de éste.
- Desarrollo de las habilidades motrices en el medio natural.
- Actividades de orientación, senderismo, rastreo, camuflaje, etc.
- Conocimiento del medio. Factores contaminantes.
- Sensibilización hacia su conservación, limpieza, respeto, etc.
- Juegos de orientación espacial, cálculo de distancias, mapas, planos, itinerarios, etc.

- **Igualdad real y efectiva entre hombres y mujeres**.- Que niñas y niños se respeten, desarrollen sus capacidades independientemente del sexo.
    - Grupos coeducativos, juegos sin tendencia a uno u otro sexo.
    - Formación de grupos cooperativos, evitando rechazos y discriminaciones.
    - Uso de una metodología que permita cambios continuos de grupos y roles.
    - Léxico equilibrado.
    - Atención a las tradiciones vejatorias, etc.
    - Eliminar prejuicios sociales sobre el cuerpo y la biología femenina.
    - No diferenciar actividades propuestas para ellos o ellas, lo importante es la progresión individual.
    - Proponer juegos alternativos que carecen de contaminación sexista.
    - Analizar en una puesta común cualquier sesgo sexista que pueda producirse.

- **Educación para el Consumo**.- Relación con los productos habituales de consumo especialmente conectados con la actividad física.
    - Respetar los materiales, recogerlos tras la clase, cuidarlos.
    - Las marcas comerciales, atención a la publicidad. Distinguir información de publicidad.
    - Análisis de modas y estereotipos en anuncios.
    - Los "productos milagro".
    - Los pequeños son los más influidos por el acoso publicitario del entorno.
    - Detectar en las etiquetas la materia prima de la que está fabricado el producto, valorando precio-calidad.
    - Saber elegir vestido y calzado en función de su utilización, distinguiendo materiales de uso deportivo y escolar.
    - Establecer criterios de utilización del material deportivo que nuestros alumnos y alumnas usan, el consumismo.
    - Empleo de chándal, zapatillas, etc. en función de su operatividad y no según modas o caprichos superfluos.
    - Participación en eventos organizados por organismos municipales tales como el "Día de la Bicicleta", etc.
    - Prevención de hábitos consumistas, sobre todo con determinados productos no beneficiosos para la salud.
    - Tener como alternativa el uso de los materiales de desecho.
    - Fomento de juegos sin materiales complejos y que puedan ser elaborados por el propio alumnado.
    - Elección como recursos para el Área de materiales ecológicos, duraderos, multifuncionales y económicos.

- o El juego como medio y alternativa ante determinadas actitudes consumistas.

- **Hábitos de vida saludable y deportiva**.- El juego motor como contenido del tiempo de ocio y vacacional y su valor para la mejora de la salud.
    - o Higiene postural, hábitos higiénicos y saludables, rehidratación, el cuidado del cuerpo, prevención de riesgos, etc.
    - o Adopción de medidas básicas de seguridad.
    - o Beneficios y peligros del ejercicio. Dosificación del esfuerzo.
    - o Calentamiento, relajación, estiramientos.
    - o Sustancias tóxicas.
    - o Control de la condición física.
    - o Control cardiaco. Pulsaciones. Recuperación.

- **Educación Sexual**. En muchas ocasiones forma parte del anterior. Podemos ayudarnos de los numerosos recursos que ofrece la propia Consejería de Educación, la de Salud o la de Igualdad y Bienestar Social a través del Instituto Andaluz de Juventud.
    - o Conocimiento del propio cuerpo.
    - o Actitudes de respeto hacia el propio cuerpo y su desarrollo.
    - o Valorar y reconocer las diferencias existentes entre niñas y niños en relación a su crecimiento óseo y muscular.
    - o Comprensión de los cambios corporales que se producen durante el desarrollo prepuberal y su relación con la actividad física.
    - o Uso de los medios habituales de la educación física para aceptar los cambios sufridos a nivel corporal (equipación, protecciones en deportes de contacto, etc.)
    - o Uso del ejercicio físico como corrector de las alteraciones propias del raquis durante el desarrollo sexual (cifosis…)
    - o Observación de los desajustes coordinativos generales producidos por el desarrollo corporal.
    - o Los juegos no competitivos, como los cooperativos, contribuyen a impedir las grandes diferencias de sexo en las prácticas lúdicas.
    - o Nombrar "*Ganar en salud en la escuela. Guía para conseguirlo*". Editadas por el MEC y M. Salud. Madrid (2009).

- **Tecnologías de la información y la comunicación**.- El alumnado como usuario de las TIC/TAC. Es una de las últimas tendencias educativas. Internet ofrece una fuente inagotable de información para nuestros alumnos y éstos pueden relacionarse con los demás. La propia Ley 17/2007 de Educación en Andalucía indica que "*se incorporarán de manera generalizada las tecnologías de la información y la comunicación a los procesos de enseñanza y aprendizaje*". En el mismo sentido se pronuncia la LOMCE/2013 y legislación que la desarrolla.
    - o Quizás lo más habitual sea el uso de los programas del entorno "Office", como Word para procesar textos de apuntes, cuadernos; Power Point para la presentación de fotos y videos, Excel, para hacer cálculos y llevar al día las evaluaciones, etc.
    - o Hoy día tienen cada vez más importancia las llamadas "**redes sociales**", que las emplean de forma mayoritaria nuestro alumnado: "Tuenti"; "Facebook"; "Twiter", "Gmail"; "Messenger", "Yahoo", etc.
    - o Conocer juegos y deportes, sus reglas, experiencias, a través de las Webs. Algunos ejemplos de Webs con recursos útiles para nuestra didáctica son la plataforma educativa "Helvia", el sitio Web "Averroes", And@red y la "Base Andaluza de Recursos Digitales" (BARTIC). El

MEC pone a nuestra disposición la web del Centro Nacional de Información y Comunicación Educativa (CNICE).
- Hay otras iniciativas como la Base Andaluza de Recursos de Innovación Educativa (BARIE), el programa "Pasen" para la comunicación con las familias y las llamadas **"tutorías electrónicas"** y la realización de trámites administrativos.
- Algunos ejemplos de herramientas son los "Plan Lesson", "La Caza del Tesoro", los deberes Web, las Webquest, las Mini Webquest, "Hot Potatoes", "JCLIC", etc. "EDUSPORT", en cambio, es una plataforma del M. E. C. que pone a disposición del profesorado numerosos recursos, incluidos los prácticos en formato video digital. Propone el desarrollo pedagógico para el área de educación física de los contenidos básicos para la educación. En ese sentido, otras **plataformas** educativas muy **actuales**, son: Brainly; Docsity; Educanetwork; Edmodo; Eduredes; Eduskopia; Misdeberes.es; Otra Educación; RedAlumnos; The Capsuled; etc.
- Otros materiales multimedia están también accediendo a nuestras escuelas, como las pizarras de pantalla táctil.

- **Educación Vial**.- Cómo en clase podemos mejorar aspectos espacio-temporales, de orientación, etc. que son aplicables a las habilidades viales.
    - Conocimiento de las distancias.
    - Afianzar la lateralidad para optimizar la orientación espacial.
    - Reconocimiento de formas y tamaños, direcciones, colores y posiciones de las señales de tráfico.
    - Aprovechar los viajes en autobús o los desplazamientos locales para incidir en ello. También las marchas en el medio natural.
    - Relacionar la señalización el tráfico con las nociones de sentido, dirección, perpendicularidad, paralelismo, etc.
    - Comprensión y diferenciación de velocidades, trayectorias, direcciones, ocupación de espacios, etc.
    - Relaciones entre los componentes de la sensomotricidad (memoria y discriminación visual y auditiva) y la educación vial.
    - Correspondencias entre las nociones topológicas, proyectivas y métricas y la educación vial.
    - Lo mismo podemos decir de las temporales.
    - Conocimiento de los primeros auxilios.

- **Fortalecimiento del respeto de los derechos humanos y de las libertades fundamentales**.- Muy aplicable en nuestra Área por la resolución de conflictos que puedan plantearse en los juegos, así como la aceptación de normas y reglas puestas de forma democrática.
    - Respeto y tolerancia. Relaciones constructivas y equilibradas.
    - Parar cuando se produzca un hecho digno de ser analizado en grupo. Mejora del sentido crítico ante hechos reprobables, como situaciones de racismo y discriminación social.
    - El juego cooperativo, solidario y en equipo frente a juegos meramente competitivos.
    - Situaciones de reto sin que ello implique actitudes de desaire u ofuscación.
    - Debemos huir de situaciones donde los participantes queden eliminados.
    - No discriminación de alumna o alumno por razón de sexo, etnia, nivel social o discapacidad.

- Los talleres deportivos, expresivos, etc. de las actividades extraescolares son un excelente medio para mejorar la relación con grupos marginales o emergentes, sobre todo en determinadas ciudades andaluzas.
- Las actividades deben proporcionar la mejora de la autoestima y confianza.
- Importancia de los juegos en las relaciones con los demás, respetando las formas lúdicas y bailes de otros grupos, sus normas y costumbres.
- Poner atención a determinados sub-grupos que copan los mejores espacios y recursos.

- **Cultura Andaluza**.- Ayudamos a conocer nuestra realidad contextual y cultural.
  - Investigamos y practicamos los juegos populares andaluces.
  - Realización de juegos y actividades físicas características de las fiestas de la localidad.
  - Realizamos actividades complementarias y extraescolares en espacios naturales de nuestra tierra.
  - El uso la cultura andaluza como un elemento habitual en la práctica educativa, sin más límite que las propias necesidades y condiciones de los procesos de aprendizaje.
  - Consumo de productos andaluces.
  - Representación dramática de hechos de la historia de Andalucía.

- **Educación Intercultural**.- La multiculturalidad es una de las principales características de las sociedades actuales porque la inmigración obliga a muchas personas a desplazarse buscando mejorar sus condiciones de vida. Ello da a lugar a que en numerosos pueblos de Andalucía convivan mujeres y hombres con diferentes orígenes y culturas. Esto ha provocado ciertas manifestaciones de rechazo con tendencias racistas y xenófobas.
  - El rol de nuestra área en la integración recreativa y lúdica de todo el alumnado independientemente su contexto, cultura, procedencia, etc.
  - Asegurar las bases para la igualdad de oportunidades en la escuela, el trabajo y la sociedad, atendiendo a la diversidad de géneros, etnias y culturas a partir de un reconocimiento entre iguales basado en el respeto a la diversidad.
  - Las escuelas son básicas para conseguir espacios interculturales donde se reconozca, potencie y comprenda la diversidad cultural, evitando discriminaciones y la exclusión de los colectivos de inmigrantes y minorías étnicas, tan abundantes en Andalucía.
  - Está relacionada con la Cultura Andaluza, que es un compendio de los pueblos que han pasado por nuestra tierra a lo largo de los siglos.
  - Fomentamos el respeto y la integración de todas las culturas.
  - Juegos populares propuestos por el alumnado inmigrante.
  - Danzas populares del mundo. Conocerlas como medio de acercamiento y conocimiento a otras culturas.
  - La educación intercultural, entendida como actitud pedagógica que favorece la interacción entre las diferentes culturas, se convierte así en la mejor forma de prevenir el racismo y la xenofobia.
  - Internet es un medio de comunicación, entendimiento y cooperación con personas de cualquier continente, raza o cultura, que fomenta un espíritu de tolerancia y cosmopolitismo.

- El uso de Internet ayuda a entender la diversidad lingüística y cultural de los pueblos, lo que permite desarrollar una actitud de interés y respeto hacia los mismos
- Nombrar, si se da el caso, si existe en la localidad una Comisión Local de Educación Intercultural, que pretende articular y optimizar la intervención de las distintas instituciones públicas y privadas implicadas: Consejería de Educación, Ayuntamiento, ONGs, AMPAs y Asociaciones Vecinales.
- Podemos dedicar una unidad entera o un par de sesiones de cualquier otra, como la relativa a los juegos populares, a realizar un "parque lúdico temático sobre la culturalidad del mundo".

- **Salud laboral**.- La necesidad de proporcionar a los alumnos las mejores condiciones de seguridad durante su permanencia en la escuela, es una de las preocupaciones fundamentales que debe estar presente desde los mismos comienzos del proyecto escolar.

    Se pretende desarrollar en el alumnado un compromiso con la salud laboral en la escuela, fundamentalmente de prevención. La finalidad es que niñas y niños adquieran desde la edad escolar una actitud responsable ante los peligros de las actividades cotidianas y en la forma de trabajar y actuar, para en un futuro hacerlo sin riesgos. La prevención implica unos comportamientos y hábitos seguros, tanto en las actividades de la vida diaria como en el trabajo. Junto con las necesarias medidas de protección, la prevención es la manera más adecuada de evitar los accidentes laborales.
    - Escuela y aulas confortables: temperatura, corrientes de aire, humedad, ventilación, iluminación, ausencia de ruidos, etc.
    - Ausencia de peligros.
    - Mesas y sillas de tamaño adecuado a quienes las usan.
    - Normas para evitar siniestros.
    - El botiquín escolar.
    - Cursillo de primeros auxilios.
    - Medidas de protección ante el fuego y otros peligros. Normas y simulacros de evacuación.
    - Por todo ello, los docentes deben ser capacitados y entrenados permanentemente sobre la prevención de riesgos, promoción de la seguridad y forma de actuar ante la amenaza o acontecimiento de hechos relacionados con los siniestros.
    - El alumnado debe también saber cómo proceder manteniendo la calma y respetando los acuerdos preestablecidos.

## 5.- EJEMPLOS DE RELACIONES ENTRE EDUCACIÓN FÍSICA Y OTRAS ÁREAS Y ASIGNATURAS.

Consignamos este punto a modo de **ejemplos** de **argumentos** para usar a la hora de ir **relacionando** el área/asignatura de Educación Física con las demás.

No hace falta incluirlos en la UDI escrita que presentamos, entre otras cosas porque no nos cabe, pero sí nos son de utilidad cuando tengamos que **exponerla** oralmente ante el Tribunal.

Debemos **seleccionar** los que creamos más **interesantes**, con los que nos sentamos más "cómodos" para **argumentar** unas u otras propuestas, en función de las tareas, actividades y ejercicios que vayamos a tratar. No olvidemos que muchos contenidos pueden ser tratados desde distintas áreas de manera **integradora** y no fragmentaria.

Significa la existencia de un grupo de disciplinas relacionadas entre sí, bien con vínculos previamente establecidos o sin ellos, que en momentos puntuales se conectan en aras de la mejora del contenido que se va a tratar. En Educación Física, el **bilingüismo** es un gran ejemplo de cómo podemos intervenir, debido a que los términos deportivos de ascendencia inglesa son conocidos por la difusión que hacen de ellos los medios de comunicación social (Zagalaz, Cachón y Lara, 2014).

Para llevar a cabo esta tarea, es necesaria la coordinación y el trabajo del **equipo docente** del ciclo (Martínez, 2011).

Proponemos muchos ejemplos Torre y Girela (1997) y Martínez (2011), para que cada lectora o lector personalice su trabajo:

- **Matemáticas**.-
    - Situación de un objeto en el espacio.
    - Distancias, giros como elementos de referencia.
    - Uso de la medida numérica en el reconocimiento del cuerpo.
    - Conteo, sumas de pulsaciones, medidas antropométricas, etc.
    - Juegos que permitan descubrir las unidades de medidas espacio-temporales: longitud, velocidades, trayectorias, etc.
    - Realización de test físicos. Valoración y su representación gráfica. Hallar la media, la mejor marca, etc.
    - Uso de cronómetro, cinta métrica, dinamómetro, etc.
    - Recogida de datos numéricos.
    - Actividades en el medio natural donde haya que calcular distancias, pasos, direcciones, etc.
    - Encuestas y su tabulación. Estadísticas.
    - Manejo de brújulas, mapas, croquis, itinerarios gráficos, códigos numéricos establecidos previamente, etc.
    - Uso del cálculo mental y la orientación espacial para elaborar tácticas en la iniciación deportiva.
    - Medir espacios deportivos, marcar líneas que lo delimiten, etc.
    - Construcción y representación de figuras geométricas.
    - Diferenciación de espacios (pequeño-grande); formas (planas, volumétricas), etc.
    - Ocupaciones del espacio.
    - Planos y maquetas de espacios deportivos.

- **Educación Artística**.- Supone la unificación de tres ámbitos de diferenciación: plástica, música y dramatización.
    - Representación elemental del espacio. Planos, maquetas, mapas.
    - Relaciones topológicas (lejanía, tamaño, etc.) y métricas (ángulos, perspectivas).
    - Percepción espacial: tamaños, colores, formas, texturas...
    - Murales sobre juegos, modelaje de figuras, etc.
    - Creación de materiales para las clases tales como pompones, bolos, zancos, dianas, vallas, etc.
    - El cuerpo como instrumento de percusión: gesto sonoro y recurso vocal.
    - Juego dramático expresando diversos estados de ánimo.

- Elaboración de materiales propios para la expresión: decorados, caretas, disfraces, etc.
- Percepción temporal y las características del sonido: intensidad, duración, velocidad, timbre, etc.
- Representación de vivencias corporales.
- Interpretación de sonidos y ritmos mediante el movimiento.
- Juego expresivo donde se simbolicen objetos y situaciones de la vida cotidiana.
- Exploración sensorial de personas y objetos como recurso de comunicación y relación.
- Movimiento y estructuración espacio temporal.
- Representaciones que necesiten un trabajo plástico como máscaras, dibujos, construcciones, temas musicales y canciones…
- Representaciones de pantomima, bailes, títeres, coreografía, etc.
- Juegos de rol.
- Posibilidades expresivas y sonoras de los materiales que nos rodean.
- Actividades lúdicas con materiales reciclados con finalidad, comunicativa y expresiva.
- Búsqueda de ritmos orgánicos: pulso y respiración.
- Toma de conciencia del tempo personal.
- Realización de estructuras rítmicas buscando la comunicación con los demás.
- Los segmentos corporales se ajustan a los ritmos.
- Danzas populares con canciones.
- Uso de elementos musicales para marcar ritmos: palillos, pandereta, tambor, etc.
- Improvisación vocal e instrumental en acompañamiento de danzas.
- Conocimiento de danzas del mundo como medio para acercarnos y aceptar otras culturas.
- Prácticas relajatorias y de respiración. Uso de un fondo musical apropiado.

- **CC. Sociales y CC. De la Naturaleza.-**

    - Orientación y puntos cardinales. Brújula e interpretación de mapas.
    - Actividades en la naturaleza: recreo, habilidades motrices, específicas del medio, construcciones, señales, camuflaje, etc.
    - Uso de los recursos propios del medio para las actividades, como arena, conchas, piedras, árboles, etc.
    - Utilización de materiales reciclado en clase: neumáticos, conos balizadores del tráfico, etc.
    - Los seres vivos en su medio.
    - El funcionamiento del cuerpo humano.
    - Anatomía, fisiología, nutrición e higiene, etc.
    - Sustancias no saludables.
    - Beneficios del ejercicio físico para la salud física y psíquica.
    - Respeto a los límites corporales.
    - Importancia de la higiene en ropa, calzado, recursos, etc.
    - La postura. Higiene postural.
    - Lateralidad, control y ajuste corporal.
    - Relajación y respiración.
    - La actividad física y el juego como recurso en las relaciones con los demás.
    - El juego popular y tradicional. Investigación de juegos autóctonos.
    - Bailes propios del entorno.

- El juego como mediador en el conocimiento de individuos procedentes de otras culturas.

- **Lengua Castellana y Literatura.-**

    - Nuevas expresiones. Uso correcto de la terminología específica del área: pica, colchoneta, bádminton, etc.
    - Dramatización de textos literarios.
    - Canciones y danzas unidas a juegos.
    - Relación entre las habilidades perceptivo-motrices y la lecto-escritura.
    - Lectura y comprensión de textos, vídeos y comunicaciones de origen multimedia relacionados con la Educación Física, el juego, etc. Citar el Acuerdo de 23 de enero de 2007, del Consejo de Gobierno de la Junta de Andalucía, por el que se aprueba el Plan de Lectura y de Bibliotecas Escolares en los Centros Educativos Públicos de Andalucía, B. O. J. A. nº 29 de 08/02/2007.
    - Uso de fichas de trabajo y registro donde el alumnado lea, comprenda y anote las tareas pedidas.
    - Realización de cuestionarios.
    - Elaboración de encuestas sobre motivos heterogéneos.
    - Dar información verbal y escrita inicial y de conocimiento de resultados, con preferencia hacia los de tendencia terminal, prescriptivo, explicativo y afectivo.
    - Proporcionar revistas y páginas Web con información de juegos, aventuras, etc.
    - También con contenidos relacionados con el aprendizaje deportivo, expresivo, etc.
    - Uso de jeroglíficos, acertijos y similares en la búsqueda de respuestas ante problemas motrices y juegos en el medio natural.
    - Uso del lenguaje de signos como un medio más de expresión.
    - El juego expresivo como recurso para manifestar sentimientos y experiencias.
    - El recurso del juego a la hora de relacionarse verbalmente con los demás. Uso del lenguaje verbal y no verbal.
    - Intercambio de opiniones, experiencias, ideas, etc. durante las clases de educación física.
    - Coloquios diversos, durante la vuelta a la calma, con varias temáticas.
    - Comentarios críticos hacia actitudes de discriminación y estereotipos sociales.
    - Reflexionar verbalmente y por escrito ante situaciones de publicidad engañosa, sustancias nocivas, etc.
    - Tratar técnicas expresivas tales como la mímica, sombras chinescas, juego dramático, etc.
    - El lenguaje descriptivo en la explicación de la tarea motriz.
    - El lenguaje comparativo al evaluar dos o más acciones motrices.
    - Uso del lenguaje de carácter evaluativo en la emisión de juicios de valor ante un hecho.
    - El lenguaje narrativo en explicaciones que necesiten presentación, nudo y desenlace final.
    - Eliminación del lenguaje sexista y racista.
    - Análisis de textos deportivos con lenguaje discriminatorio.

- **Lengua extranjera.-**

  - Conocer juegos populares y tradicionales de otros países.
  - Vocabulario básico del cuerpo: manos, piernas, cabeza...
  - Vocabulario básico espacial: frente a, detrás de, alrededor de... y temporal: más rápido, lento, al mismo ritmo...
  - Palabras relacionadas con la condición física y salud: calentamiento, relajación, estiramiento, resistencia...
  - Vocabulario deportivo: canasta, bote, conducción, tiro, remate...
  - Interpretación de letras de canciones extranjeras en expresión corporal.

## 6.- EJEMPLOS DE RELACIONES ENTRE EDUCACIÓN FÍSICA Y COMPETENCIAS CLAVE.

**COMPETENCIAS CLAVE APLICADAS AL ÁREA DE EDUCACIÓN FÍSICA**
**R.D. 126/2014 y O. 17/03/2015 (Andalucía)**

El R. D. 126/2014, indica las siguientes relaciones entre educación física y las CC. Clave, que podemos referenciar en las UDI que elaboremos:

| RELACIÓN ENTRE LAS COMPETENCIAS Y EL ÁREA DE ED. FÍSICA. CONCEPTOS "CLAVE" |
|---|
| **1.º Comunicación lingüística.** |
| Importancia para el conocimiento del lenguaje específico de los términos físicos y deportivos. Posibilidad de infinidad de intercambios comunicativos. |
| **2.º Competencia matemática y competencias básicas en ciencia y tecnología** |
| Mejora de esta competencia por la práctica de los contenidos propios del área. Por ejemplo: dominio del espacio y nociones de orden, líneas, formas volumétricas, figuras, conteo, cantidades, cálculos porcentuales y operaciones matemáticas de distancias, datos estadísticos, etc. Adaptación del propio cuerpo al medio. Conocimiento de la naturaleza y su interacción. |
| **3.º Competencia digital.** |
| Habilidades necesarias para buscar, seleccionar, tratar y transformar la información en Internet y otros medios multimedia, de una forma objetiva y productiva, para que dominen el conocimiento de forma autónoma, funcional y segura. Crear conocimiento en diferentes lenguajes, realizar proyectos, solucionar problemas y tomar decisiones en entornos digitales, producir conocimiento y publicarlo a través de uso de herramientas de edición digital, usar las TAC como instrumento creativo y de innovación, Trabajar con eficacia con contenidos digitales en contextos virtuales de enseñanza – aprendizaje, etc. |
| **4.º Aprender a aprender.** |
| Habilidades para iniciarse en el aprendizaje y ser capaz de continuar aprendiendo de manera cada vez más eficaz y autónoma habilidades más complejas. Adquirir conciencia de las propias capacidades (físicas, intelectuales, emocionales), del proceso y las estrategias necesarias para desarrollarlas, así como de lo que se puede hacer por uno mismo y de lo que se puede hacer con ayuda de otras personas o recursos. Conocer sus potencialidades y carencias, sacando provecho de las primeras y teniendo motivación y voluntad para superar las segundas desde una expectativa de éxito, aumentando progresivamente la seguridad para afrontar nuevos |

| |
|---|
| retos de aprendizaje. Por ejemplo, en aprender juegos, deportes, estrategias para la mejora de la condición física-salud, etc. genera autoconfianza. |
| **5.º Competencias sociales y cívicas.** |
| Relacionarse con los demás a través del juego en grupo, por lo que trabajamos las percepciones corporales, espaciales y temporales, además de valores como respeto, interrelación, cooperación y solidaridad. En suma, las habilidades sociales y el respeto a las reglas y a los demás. Cumplir las normas de los juego supone la aceptación de códigos de conducta para la convivencia, acudiendo al diálogo cuando ocurra algún conflicto. La actividad física como medio de prácticas para un estilo de vida saludable. Crítica a los malos hábitos de sedentarismo, alcohol, tabaco, etc. |
| **6.º Sentido de iniciativa y espíritu emprendedor.** |
| Autosuperación y actitud positiva en la organización actividades. Toma de decisiones de forma autónoma. |
| **7.º Conciencia y expresiones culturales.** |
| Posibilidades y recursos corporales: expresión corporal, danza, deportes, juegos populares, tradicionales y otros. Valoración de la diversidad cultural. El fenómeno deportivo como espectáculo: reflexión y análisis crítico a la violencia que en él se produce. |

Precisamente, "*el **trabajo por competencias** se basa en el diseño de tareas motivadoras para el alumnado que partan de situaciones-problema reales y se adapten a los diferentes ritmos y estilos de aprendizaje de cada alumno y alumna, favorezcan la capacidad de aprender por sí mismos y promuevan el trabajo en equipo, haciendo uso de métodos, recursos y materiales didácticos diversos*" (O. 17/03/2015).

Podemos, no obstante, expresar una serie de ejemplos de **actividades más concretas** y propias del área de Educación Física que están **relacionadas** con diversas competencias clave. Es decir, optamos por un tratamiento de las CC. Clave. eminentemente práctico, a partir de la competencias prescritas en la LOMCE (2013), aunque **publicadas** en el R.D. 126/2014:

| ACTIVIDADES PARA EL DESARROLLO DE LAS COMPETENCIAS CLAVE ||
|---|---|
| 1. COMPETENCIA EN COMUNICACIÓN LINGÜÍSTICA | - Su importancia para el conocimiento del lenguaje de los términos físicos y deportivos.<br>- Lecturas de libros deportivos, reglamentos, noticias.<br>- Trabajos mediante el uso de instrumentos multimedia, como las Webquest, etc.<br>- Debates sobre temas de actualidad: violencia en el deporte, dopaje, no cumplir las normas del juego limpio, etc.<br>- Elaboración de textos escritos relacionados con la Educación Física: reglas de juegos, prevención de accidentes, guiones de juegos dramáticos, etc.<br>- Rellenar las cuestiones del cuaderno de patio.<br>- Explicación de juegos y deportes.<br>- Elaboración y dirección de calentamientos, estiramientos, etc. |
| 2. COMPETENCIA MATEMÁTICA Y COMPETENCIAS BÁSICAS EN CIENCIA Y TECNOLOGÍA | - Cálculos porcentuales en test físicos<br>- Datos estadísticos.<br>- Operaciones matemáticas de distancias.<br>- Aplicaciones de los reglamentos deportivos (medidas, distancias...)<br>- Actividades de orientación en el medio natural.<br>- Toma de tiempos.<br>- Juegos de conocimiento y dominio del espacio, líneas, formas volumétricas, figuras, etc.<br>- Conteo de puntuaciones o marcas.<br>- Salud. Prácticas saludables. |

| | |
|---|---|
| 3. COMPETENCIA DIGITAL | - Conocer navegadores de fácil acceso para la búsqueda de información en Internet.<br>- Realización de trabajos a partir del uso de las webs y software relacionados con la salud, actividad física, expresión, el juego y el deporte. Por ejemplo, a través de herramientas tales como las Webquest, los "Plan Lesson", "La Caza del Tesoro", los deberes Web, las Mini Webquest, "Hot Potatoes", "JCLIC", Plataforma Moodle, Tiching, etc.<br>- Utilizar materiales multimedia digitales para la elaboración y presentación de trabajos (cámara de fotos, videocámara, tabletas...)<br>- Análisis de noticias digitales.<br>- Uso educativo de las redes sociales, tales como Twiter, Facebook, Tuenti, etc.<br>- Citar el peligro que tiene hoy día Internet. Es preciso recordar la legislación autonómica: D. 25/2007, de 6 de febrero, por el que se establecen medidas para el fomento, la prevención de riesgos y la seguridad en el uso de Internet y las tecnologías de la información y la comunicación (TAC) por parte de las personas menores de edad. |
| 4. APRENDER A APRENDER | - Planificación de actividades físicas a través de la experimentación.<br>- Desarrollo de habilidades de trabajo en equipo<br>- Adquisición de aprendizajes técnicos, estratégicos y tácticos<br>- Realización y exposición de trabajos<br>- Diseño de calentamientos |
| 5. COMPETENCIAS SOCIALES Y CÍVICAS | - Participación en actividades extraescolares bien de tipo regular, como los talleres, bien en las organizadas esporádicamente, como la "Semana Blanca".<br>- Participación en actividades deportivas del entorno, como los juegos escolares.<br>- Calentamiento. Estiramientos y relajación.<br>- Actividad física y salud.<br>- Normas de seguridad a observar en los juegos y los deportes.<br>- Actividades y juegos en el medio natural: natación, esquí...<br>- Juegos con material de fabricación propia con artículos reciclables.<br>- Organización de actividades invitando a otros grupos o centros.<br>- Juegos cooperativos. La importancia del grupo. Juegos no competitivos.<br>- Relacionarse con los demás a través del juego motor, que implica el desarrollo de las percepciones corporales, espaciales y temporales. |
| 6. SENTIDO DE INICIATIVA Y ESPÍRITU EMPRENDEDOR | - Preparación y puesta en práctica de calentamientos, postas de circuitos, estiramientos, juegos diversos, etc.<br>- Construcción de recursos móviles para los juegos: palas de madera, bolas para malabares con globos y mijo, paracaídas con telas varias, etc.<br>- Elaboración de trabajos escritos tradicionales o a través de Internet. |
| 7. CONCIENCIA Y EXPRESIONES CULTURALES | - Conocimiento y práctica de juegos populares, tradicionales y autóctonos. Investigación a través de diversos medios, como los de tipo informático y su práctica.<br>- Conocimiento y práctica de juegos y deportes de otras culturas aportados o no por el alumnado con otra procedencia distinta a la autóctona.<br>- Conocer y practicar bailes populares y tradicionales. Juego dramático. Teatro.<br>- Conocer y practicar danzas del mundo |

## 7.- CRITERIOS DE EVALUACIÓN Y ESTÁNDARES DE EDUCACIÓN FÍSICA.

> **CRITERIOS DE EVALUACIÓN CONCRETADOS POR CICLO**
> **ÁREA DE EDUCACIÓN FÍSICA**
> **O. 17/03/2015 (Andalucía)**

### CRITERIOS E. F. 1º CICLO

• C.E.1.1. Responder a situaciones motrices sencillas, identificando los movimientos (desplazamientos, lanzamientos, saltos, giros, equilibrios...) mediante la comprensión y conocimiento de sus posibilidades motrices y su intervención corporal ante la variedad de estímulos visuales, auditivos y táctiles.

• C.E.1.2. Conocer recursos expresivos del cuerpo a través de bailes y danzas sencillas, coreografías simples o pequeños musicales y simbolizar, a través del cuerpo, el gesto y el movimiento ideas sencillas, emociones y sentimientos.

• C.E.1.3. Identificar, comprender y respetar las normas y reglas de los juegos y actividades físicas, mientras se participa, favoreciendo las buenas relaciones entre compañeros/as.

• C.E.1.4. Mostrar interés por adquirir buenos hábitos relacionados con la salud y el bienestar, tomando conciencia de la importancia de una buena alimentación e higiene corporal.

• C.E.1.5. Mostrar interés por mejorar la competencia motriz y participar en actividades diversas.

• CE.1.6. Tomar conciencia y reconocer el propio cuerpo y el de los demás, mostrando respeto y aceptación por ambos.

• CE.1.7. Descubrir y distinguir las diversas actividades que se pueden desarrollar a partir de la Educación física.

• C.E.1.8. Tomar conciencia de situaciones conflictivas que puedan surgir en actividades físicas de distinta índole.

• C.E.1.9. Demostrar actitudes de cuidado hacia el entorno y el lugar en el que realizamos los juegos y actividades, siendo conscientes y preocupándose por el medio donde se desarrollan y valorando la variedad de posibilidades que le brinda el clima y el entorno de Andalucía.

• CE.1.10. Reconocer posibles riesgos en la práctica de la actividad física derivados de los materiales y espacios.

• C.E.1.11. Iniciarse en trabajos de investigación utilizando recursos de las tecnologías de la información y la comunicación.

• C.E.1.12. Valorar y respetar a las otras personas que participan en las actividades, mostrando comprensión y respetando las normas. Valorar el juego como medio de disfrute y de relación con los demás.

• C.E.3.13. Poner por encima de los propios intereses y resultados (perder o ganar) el trabajo en equipo, el juego limpio y las relaciones personales que se establecen en la práctica de juegos y actividades físicas.

### CRITERIOS E. F. 2º CICLO

• C.E.2.1. Integrar y resolver satisfactoriamente variadas situaciones motrices, utilizando las habilidades perceptivo-motrices y básicas más apropiadas para una eficaz solución.

• C.E.2.2. Indagar y utilizar el cuerpo como recurso expresivo para comunicarse con otros, representando personajes, ideas y sentimientos y desarrollando ámbitos competenciales creativos y comunicativos.

- C.E.2.3. Identificar y utilizar estrategias básicas de juegos y actividades físicas para interaccionar de forma individual, coordinada y cooperativa, resolviendo los retos presentados por la acción jugada.
- CE.2.4. Poner en uso, durante el desarrollo de actividades físicas y artístico-expresivas, la conexión de conceptos propios de educación física con los aprendidos en otras áreas y las distintas competencias.
- C.E.2.5. Tomar conciencia de los efectos saludables derivados de la actividad física relacionados con hábitos posturales y alimentarios, además de consolidar hábitos de higiene corporal teniendo en cuenta las características de nuestra comunidad en estos aspectos, por ejemplo la dieta mediterránea y el clima caluroso.
- C.E.2.6. Investigar, elaborar y aplicar propuestas para aumentar la condición física, partiendo de sus posibilidades.
- C.E.2.7. Valorar y aceptar la propia realidad corporal y la de otros, desde una perspectiva respetuosa que favorezca relaciones constructivas.
- C.E.2.8. Valorar la diversidad de actividades físicas, lúdicas, deportivas y artísticas, creando gustos y aficiones personales hacia ellas, practicándolas tanto dentro como fuera de la escuela y en el entorno más cercano.
- C.E.2.9. Reflexionar sobre las situaciones conflictivas que surjan en la práctica, opinando coherente y críticamente, y respetando el punto de vista de las demás personas para llegar a una solución.
- C.E.2.10. Mostrar actitudes consolidadas de respeto, cada vez más autónomas y constructivas, hacia el medio ambiente en las actividades realizadas al aire libre.
- C.E.2.11. Desarrollar una actitud que permita evitar riesgos en la práctica de juegos y actividades motrices, realizando un correcto calentamiento previo y comprendiendo medidas de seguridad para la actividad física y estableciendo los descansos adecuados para una correcta recuperación ante los efectos de un esfuerzo.
- C.E.2.12. Inferir pautas y realizar pequeños trabajos de investigación dentro de la Educación física sobre aspectos trabajados en ella, utilizando diversas fuentes y destacando las tecnologías de la información y comunicación, sacando conclusiones personales sobre la información elaborada.

C.E.2.13. Participar en juegos, deportes y actividades físicas estableciendo relaciones constructivas y de respecto mutuo. Interiorizar una cultura de juego limpio y aceptar las normas.

**CRITERIOS E. F. 3º CICLO.**
- C.E.3.1. Aplicar las habilidades motrices básicas para resolver de forma eficaz situaciones de práctica motriz con variedad de estímulos y condicionantes espacio-temporales.
- C.E.3.2. Crear representaciones utilizando el cuerpo y el movimiento como recursos expresivos, demostrando la capacidad para comunicar mensajes, ideas, sensaciones y pequeñas coreografías con especial énfasis en el rico contexto cultural andaluz.
- C.E.3.3. Elegir y utilizar adecuadamente las estrategias de juegos y de actividades físicas relacionadas con la cooperación, la oposición y la combinación de ambas, para resolver los retos tácticos implícitos en esos juegos y actividades.
- C.E.3.4. Relacionar los conceptos específicos de Educación física con los de otras áreas al practicar actividades motrices y artístico-expresivas.
- C.E.3.5 Reconocer e interiorizar los efectos beneficiosos de la actividad física en la salud y valorar la importancia de una alimentación sana, hábitos posturales correctos y una higiene corporal responsable.
- C.E.3.6. Mejorar el nivel de sus capacidades físicas, regulando y dosificando la intensidad y duración del esfuerzo, teniendo en cuenta sus posibilidades y su relación con la salud.
- C.E.3.7. Valorar, aceptar y respetar la propia realidad corporal y la de los demás, mostrando una actitud reflexiva y crítica.

- C.E.3.8. Conocer y valorar la diversidad de actividades físicas, lúdicas, deportivas y artísticas que se pueden realizar en la Comunidad Autónoma de Andalucía.
- C.E.3.9 Mostrar una actitud de rechazo hacia los comportamientos antisociales derivadas de situaciones conflictivas.
- C.E.3.10. Manifestar respeto hacia el entorno y el medio natural en los juegos y actividades al aire libre, identificando y realizando acciones concretas dirigidas a su preservación.
- C.E.3.11. Mostrar la responsabilidad y la precaución necesarias en la realización de actividades físicas, evitando riesgos a través de la prevención y las medidas de seguridad.
- C.E.3.12. Extraer y elaborar información relacionada con temas de interés en la etapa y compartirla utilizando fuentes de información determinadas y haciendo uso de las tecnologías de la información y la comunicación como recurso de apoyo al área y elemento de desarrollo competencial.

C.E.3.13. Poner por encima de los propios intereses y resultados (perder o ganar) el trabajo en equipo, el juego limpio y las relaciones personales que se establecen en la práctica de juegos y actividades físicas.

## 8.- CRITERIOS DE EVALUACIÓN Y ESTÁNDARES DE LENGUA CASTELLANA Y LITERATURA.

**Ver**: http://www.juntadeandalucia.es/educacion/descargasrecursos/curriculo-primaria/pdf/PDF/textocompleto.pdf

## 9.- CRITERIOS DE EVALUACIÓN Y ESTÁNDARES DE CIENCIAS SOCIALES.

**Ver**: http://www.juntadeandalucia.es/educacion/descargasrecursos/curriculo-primaria/pdf/PDF/textocompleto.pdf

## 10.- CRITERIOS DE EVALUACIÓN Y ESTÁNDARES DE MATEMÁTICAS.

**Ver**: http://www.juntadeandalucia.es/educacion/descargasrecursos/curriculo-primaria/pdf/PDF/textocompleto.pdf

## 11.- CRITERIOS DE EVALUACIÓN Y ESTÁNDARES DE CC. DE LA NATURALEZA.

**Ver**: http://www.juntadeandalucia.es/educacion/descargasrecursos/curriculo-primaria/pdf/PDF/textocompleto.pdf

## 12.- CONTENIDOS DE EDUCACIÓN FÍSICA Y SU SECUENCIACIÓN.

> **BLOQUES DE CONTENIDOS SECUENCIADOS POR CICLO
> ÁREA DE EDUCACIÓN FÍSICA
> O. 17/03/2015 (Andalucía)**

### PRIMER CICLO

BLOQUE 1: "EL CUERPO Y SUS HABILIDADES PERCEPTIVO MOTRICES"

1.1. Toma de conciencia y aceptación del propio cuerpo, afianzando la confianza en sí mismo.
1.2. Conocimiento de los segmentos corporales y observación de éstos en sí mismo y los demás.
1.3. Identificación y conocimiento del cuerpo en relación con la tensión, relajación y respiración.
1.4. Relación de las principales partes del cuerpo con los movimientos realizados.
1.5. Afirmación de la lateralidad y discriminación de derecha e izquierda sobre sí y sobre los demás.
1.6. Identificación y reconocimiento del lado dominante (ojo, brazo y pierna).
1.7. Exploración y diferenciación de las posibilidades sensoriales del cuerpo (visión, audición, táctil, olfativa y cenestésica).
1.8. Coordinación corporal (ojo, oído, tacto, cenestesia) con el movimiento.
1.9. Posturas corporales. Corrección y elección de las más adecuadas para el desarrollo de los ejercicios.
1.10. Experimentación de situaciones de equilibrio tanto estático como dinámico en diversas situaciones (base estable o inestable y modificando los puntos de apoyo).
1.11. Dominio progresivo de la percepción espacial, a través de básicas nociones topológicas y de distancia (arriba-abajo, delante-detrás, dentro-fuera, cerca-lejos, alto-bajo, juntos- separados).
1.12. Apreciación y cálculo de distancias en reposo y en movimiento, respecto a uno mismo, a los demás y diversos objetos.
1.13. Dominio progresivo de la percepción temporal a través de sencillas nociones relacionadas con el tiempo (ritmos, secuencias, velocidad, duración).
1.14. Experimentación de diferentes formas de ejecución y control de las habilidades motrices básicas (desplazamientos, saltos y suspensiones, giros, lanzamientos y recepciones, transportes y conducciones).
1.15. Disposición favorable a participar en actividades diversas aceptando la existencia de diferencias en el nivel de habilidad.

BLOQUE 2: "LA EDUCACIÓN FÍSICA COMO FAVORECEDORA DE SALUD"

2.1. Adquisición de hábitos básicos de higiene corporal, alimentarios y posturales relacionados con la actividad física.
2.2. Relación de la actividad física y de la alimentación con el bienestar y la salud.
2.3. Movilidad corporal orientada a la salud.
2.4. Respeto de las normas de uso de materiales y espacios en la práctica de actividades motrices.
2.5. Toma de conciencia y aceptación del uso de ropa y calzado adecuados para una correcta práctica deportiva.

## BLOQUE 3: "LA EXPRESIÓN CORPORAL: EXPRESIÓN Y CREACIÓN ARTÍSTICA MOTRIZ"

3.1. Indagación y exploración de las posibilidades expresivas del cuerpo (tono muscular, mímica, gestos) y del movimiento (ritmo, espacio, tiempo).
3.2. Expresión e interpretación de la música en general y el flamenco en particular a través del cuerpo, sincronizando sencillas estructuras rítmicas a partir de un compás y un tempo externo.
3.3. Práctica de sencillos bailes y danzas populares o autóctonas de la Comunidad Autónoma de Andalucía.
3.4. Imitación y representación desinhibida de emociones y sentimientos a través del cuerpo, el gesto y el movimiento.
3.5. Imitación de personajes, objetos y situaciones; cercanos al contexto, entorno y vida cotidiana de los niños/as.
3.6. Participación y disfrute en actividades que supongan comunicación a través de las expresiones, el cuerpo y el movimiento.
3.7. Respeto y aceptación hacia los demás por las formas de expresarse a través del cuerpo y el movimiento.

## BLOQUE 4: "EL JUEGO Y DEPORTE ESCOLAR"

4.1. Reflexión e interiorización sobre la importancia de cumplir las normas y reglas de los juegos.
4.2. Utilización y respeto de reglas del juego para la organización de situaciones colectivas.
4.3. Conocimiento y práctica de diferentes tipos de juegos: libres-organizados, sensoriales, simbólicos y cooperativos.
4.4. Indagación y práctica de juegos populares y tradicionales propios de la cultura andaluza.
4.5. Práctica y disfrute de juegos en los que se utilicen las habilidades básicas, fundamentalmente los desplazamientos.
4.6. Aceptación de diferentes roles en el juego.
4.7. Respeto y aceptación de las demás personas que participan en el juego.
4.8. Participación activa en los juegos, buscando siempre el aspecto lúdico y recreativo.
4.9. Espacios para desarrollar el juego: colegio, calles, plazas, campo ,etc, con gran arraigo en Andalucía.

## SEGUNDO CICLO

### BLOQUE 1: "EL CUERPO Y SUS HABILIDADES PERCEPTIVO MOTRICES"

1.1. Desarrollo global y analítico del esquema corporal, con representación del propio cuerpo y el de los demás.
1.2. Descubrimiento progresivo a través de la exploración y experimentación de las capacidades perceptivas y su relación con el movimiento.
1.3. Desarrollo de la relajación global y de grandes segmentos corporales para aumento del control del cuerpo en relación con la tensión, la relajación y actitud postural.
1.4. Conocimiento e indagación de las fases, los tipos y los ritmos respiratorios, para su progresivo control en diferentes actividades.
1.5. Adecuación autónoma de la postura a las necesidades expresivas y motrices para mejora de las posibilidades de movimiento de los segmentos corporales.
1.6. Consolidación y abstracción básica de la lateralidad y su proyección en el espacio. Aprecio eficaz de la derecha y la izquierda en los demás.

1.7. Control del cuerpo en situaciones de equilibrio y desequilibrio modificando la base de sustentación, los puntos de apoyo y la posición del centro de gravedad, en diferentes planos.
1.8. Estructuración y percepción espacio-temporal en acciones y situaciones de complejidad creciente. Apreciación de distancias, trayectorias y velocidad. Memorización de recorridos. Reconocimiento de la posición relativa de dos objetos.
1.9. Desarrollo de la autoestima y la confianza en uno mismo a través de la actividad física. Valoración y aceptación de la realidad corporal propia y de los demás.
1.10. Experimentación con distintas posibilidades del movimiento.
1.11. Ajuste y utilización eficaz de los elementos fundamentales en las habilidades motrices básicas en medios y situaciones estables y conocidas.
1.12. Desarrollo del control motor y el dominio corporal en la ejecución de las habilidades motrices.
1.13. Experimentación y adaptación de las habilidades básicas a situaciones no habituales y entornos desconocidos, con incertidumbre, reforzando los mecanismos de percepción y decisión en las tareas motrices.

BLOQUE 2: "LA EDUCACIÓN FÍSICA COMO FAVORECEDORA DE SALUD"

2.1. Valoración de los hábitos posturales más correctos. Asimilación progresiva de una actitud postural correcta y equilibrada en reposo y en movimiento.
2.2. Adquisición y puesta en práctica de hábitos alimentarios saludables relacionados con la actividad física. Consolidación de hábitos de higiene corporal.
2.3. Mejora global de las cualidades físicas básicas de forma genérica. Mantenimiento de la flexibilidad y ejercitación globalizada de la fuerza, la velocidad y la resistencia aeróbica a través de las habilidades motrices básicas.
2.4. Aceptación y actitud favorable hacia los beneficios de la actividad física en la salud.
2.5. Desarrollo de medidas de seguridad en la práctica de la actividad física. Calentamiento, dosificación del esfuerzo y relajación. Indagación de los efectos inmediatos del ejercicio sobre la frecuencia cardiaca.
2.6. El sedentarismo en la sociedad actual. Uso racional de las TIC en el tiempo libre.
2.7. Medidas básicas de seguridad en la práctica de la actividad física. Uso sostenible y responsable de materiales y espacios
2.8. Protagonismo y participación activa en la preparación y uso de ropa y calzado adecuados para una correcta práctica.

BLOQUE 3: "LA EXPRESIÓN CORPORAL: EXPRESIÓN Y CREACIÓN ARTÍSTICA MOTRIZ"

3.1. Indagación y experimentación de las posibilidades expresivas del cuerpo (la actitud, el tono muscular, la mímica, los gestos) y del movimiento (el espacio, el tiempo o la intensidad).
3.2. Expresión y representación desinhibida de emociones y sentimientos a través del cuerpo, el gesto y el movimiento.
3.3. Representación e imitación de personajes reales y ficticios. Escenificación de situaciones sencillas a partir del lenguaje corporal.
3.4. Investigación y uso de objetos y materiales y sus posibilidades en la expresión.
3.5. Expresión e interpretación de la música flamenca a través del cuerpo, adecuándolo a un compás y a un tempo externo.
3.6. Identificación a través de movimientos y los recursos expresivos del cuerpo de aquellos palos flamencos más representativos de Andalucía: fandango de Huelva, sevillanas, soleá, tientos, alegrías, tangos y bulerías.
3.7. Ejecución de bailes y coreografías simples combinándolos con habilidades motrices básicas. Práctica de bailes y danzas populares y autóctonos de la Comunidad Andaluza.

3.8. Valoración y respeto de las diferencias en el modo de expresarse a través del cuerpo y del movimiento de cada uno. Participación disfrute y colaboración activa en cada una de ellas.

BLOQUE 4: "EL JUEGO Y DEPORTE ESCOLAR"

4.1. Aplicación de las habilidades básicas en situaciones de juego. Iniciación a la práctica de actividades deportivas a través del juego predeportivo y del deporte adaptado.
4.2. Práctica de juegos cooperativos, populares y tradicionales, pertenecientes a la Comunidad de Andalucía.
4.3. Experimentación, indagación y aplicación de las habilidades básicas de manejo de balones y móviles, con o sin implemento, en situaciones de juego.
4.4. Aprendizaje y utilización de estrategias básicas en situaciones de cooperación, de oposición y de cooperación-oposición, en la práctica de juegos y deportes.
4.5. Práctica de juegos y actividades físicas en un entorno tanto habitual como no habitual y en el medio natural. (Colegios, calles, plazas, campo.)
4.6. Sensibilización y respeto por el medio ambiente a partir de los juegos y deportes por su cuidado y mantenimiento sostenible.
4.7. Propuestas lúdicas de recorridos de orientación, pistas y rastreo.
4.8. Respeto hacia las personas que participan en el juego y cumplimiento de un código de juego limpio. Compresión, aceptación, cumplimiento y valoración de las reglas y normas de juego.
4.9. Interés y apoyo del juego como medio de disfrute, de relación y de empleo del tiempo libre.
4.10. Valoración del esfuerzo personal en la práctica de los juegos y actividades. Interés por la superación constructiva de retos con implicación cognitiva y motriz.
4.11. Disposición favorable a participar en actividades motrices diversas, reconociendo y aceptando las diferencias individuales en el nivel de habilidad y respetando los roles y estrategias establecidas por el grupo.

**TERCER CICLO**

BLOQUE 1: "EL CUERPO Y SUS HABILIDADES PERCEPTIVO MOTRICES"

1.1. Exploración de los elementos orgánico-funcionales implicados en las situaciones motrices habituales.
1.2. Conocimiento y puesta en marcha de técnicas de relajación para toma de conciencia y control del cuerpo en reposo y en movimiento.
1.3. Adaptación del control tónico y de la respiración al control motor para adecuación de la postura a las necesidades expresivas y motrices de forma equilibrada.
1.4. Ubicación y orientación en el espacio tomando puntos de referencia. Lectura e interpretación de planos sencillos.
1.5. Discriminación selectiva de estímulos y de la anticipación perceptiva que determinan la ejecución de la acción motora.
1.6. Ejecución de movimientos sin demasiada dificultad con los segmentos corporales no dominantes.
1.7. Equilibrio estático y dinámico en situaciones con cierta complejidad.
1.8. Estructuración espacio-temporal en acciones y situaciones motrices complejas que impliquen variaciones de velocidad, trayectoria, evoluciones grupales.
1.9. Valoración y aceptación de la propia realidad corporal y la de los demás mostrando autonomía personal y autoestima y confianza en sí mismo y en los demás.
1.10. Adaptación y resolución de la ejecución de las habilidades motrices a resolución de problemas motores de cierta complejidad, utilizando las habilidades motrices básicas eficazmente.

1.11. Valoración del trabajo bien ejecutado desde el punto de vista motor en la actividad física.

BLOQUE 2: "LA EDUCACIÓN FÍSICA COMO FAVORECEDORA DE SALUD"

2.1. Consolidación de hábitos posturales y alimentarios saludables y autonomía en la higiene corporal.
2.2. Valoración de los efectos de la actividad física en la salud y el bienestar. Reconocimiento de los efectos beneficiosos de la actividad física en la salud y el bienestar e identificación de las prácticas poco saludables.
2.3. Indagación y experimentación del acondicionamiento físico orientado a la mejora de la ejecución de las habilidades motrices. Mantenimiento de la flexibilidad, desarrollo de la resistencia y ejercitación globalizada de la fuerza y la velocidad.
2.4. Sensibilización con la prevención de lesiones en la actividad física. Conocimiento y puesta en práctica de distintos tipos de calentamiento, funciones y características.
2.5. Valoración del calentamiento, dosificación del esfuerzo y recuperación necesarios para prevenir lesiones. Aprecio de la "Vuelta a la calma", funciones y sus características.
2.6. Conocimiento de los sistemas y aparatos del cuerpo humano que intervienen en la práctica de la actividad física.
2.7. Identificación y aplicación de medidas básicas de prevención y medidas de seguridad en la práctica de la actividad física. Uso correcto de materiales y espacios.
2.8. Aprecio de dietas sanas y equilibradas, con especial incidencia en la dieta mediterránea. Prevención de enfermedades relacionadas con la alimentación (obesidad, "vigorexia", anorexia y bulimia).
2.9. Valoración y aprecio de la actividad física para el mantenimiento y la mejora de la salud.
2.10. Desarrollo adecuado de las capacidades físicas orientadas a la salud.
2.11. Preparación autónoma de ropa y calzado adecuados para su uso en una práctica concreta.

BLOQUE 3: "LA EXPRESIÓN CORPORAL: EXPRESIÓN Y CREACIÓN ARTÍSTICA MOTRIZ"

3.1. Exploración, desarrollo y participación activa en comunicación corporal valiéndonos de las posibilidades y recursos del lenguaje corporal.
3.2. Indagación en técnicas expresivas básicas como mímica, sombras o máscaras.
3.3. Composición de movimientos a partir de estímulos rítmicos y musicales. Coordinaciones de movimiento en pareja o grupales, en bailes y danzas sencillos.
3.4. Identificación y disfrute de la práctica de bailes populares autóctonos de gran riqueza en Andalucía, con especial atención al flamenco y los procedentes de otras culturas.
3.5. Experimentación y marcado, a través de movimientos y los recursos expresivos del cuerpo, de aquellos palos flamencos más representativos de Andalucía.
3.6. Comprensión, expresión y comunicación de mensajes, sentimientos y emociones a través del cuerpo, el gesto y el movimiento, con espontaneidad y creatividad, de manera individual o colectiva.
3.7. Disfrute y experimentación del lenguaje corporal a través de improvisaciones artísticas y con la ayuda de objetos y materiales.
3.8. Escenificación de situaciones reales o imaginarias que comporten la utilización de técnicas expresivas.
3.9. Valoración, aprecio y respeto ante los diferentes modos de expresarse, independientemente del nivel de habilidad mostrado. 3.10. Control emocional de las representaciones ante los demás.

BLOQUE 4: "EL JUEGO Y DEPORTE ESCOLAR"

4.1. Investigación, reconocimiento e identificación de diferentes juegos y deportes.
4.2. Aprecio del juego y el deporte como fenómenos sociales y culturales, fuente de disfrute, relación y empleo satisfactorio del tiempo de ocio.
4.3. Práctica de juegos y actividades pre-deportivas con o sin implemento.
4.4. Adaptación de la organización espacial en juegos colectivos, adecuando la posición propia, en función de las acciones de los compañeros, de los adversarios y, en su caso, del móvil.
4.5. Conocimiento y uso adecuado de las estrategias básicas de juego relacionadas con la cooperación, la oposición y la cooperación/oposición.
4.6. Puesta en práctica de juegos y actividades deportivas en entornos no habituales o en el entorno natural. Iniciación y exploración del deporte de orientación.
4.7. Respeto del medio ambiente y sensibilización por su cuidado y mantenimiento sostenible.
4.8. Aceptación y respeto hacia las normas, reglas, estrategias y personas que participan en el juego.
4.9. Aprecio del trabajo bien ejecutado desde el punto de vista motor y del esfuerzo personal en la actividad física.
4.10. Aceptación de formar parte del grupo que le corresponda, del papel a desempeñar en el grupo y del resultado de las competiciones con deportividad.
4.11. Contribución con el esfuerzo personal al plano colectivo en los diferentes tipos de juegos y actividades deportivas, al margen de preferencias y prejuicios.
4.12. Valoración del juego y las actividades deportivas. Participación activa en tareas motrices diversas, reconociendo y aceptando las diferencias individuales en el nivel de habilidad.
4.13. Experimentación de juegos populares, tradicionales de distintas culturas y autóctonos con incidencia en la riqueza lúdico-cultural de Andalucía.
4.14. Investigación y aprecio por la superación constructiva de retos con implicación cognitiva y motriz.

En la siguiente tabla vemos un **resumen** "flash" **relacionando** cada **bloque** con los **contenidos** más concretos a tratar.

| BLOQUE | RESUMEN DE CONTENIDOS |
|---|---|
| 1, El cuerpo y sus habilidades perceptivo motrices. | Sensomotricidad. Esquema corporal. Lateralidad. Relajación. Respiración. Postura. Equilibrio. Percepción de espacio y tiempo. Habilidades y destrezas básicas. Problemas motores. Condición física como factor de ejecución de la habilidad motriz. |
| 2. La Educación física como favorecedora de la salud. | Higiene. Alimentación. Normas y seguridad en uso de los recursos. Prevención lesiones. Postura. Calentamiento. Relajación |
| 3. La expresión corporal: expresión y creación artística. | Expresión corporal. Ritmo. Juego corporal. Baile. |
| 4. El juego y el deporte escolar | Juego en general: simple, popular, etc. Iniciación deportiva: estrategias, normas, esfuerzos, etc. |

## 13.- CARACTERÍSTICAS DE LAS EDADES PROPIAS DE LA ETAPA PRIMARIA.

**A) Características del alumnado de Primaria, por Ciclo.** (Zagalaz, Cachón y Lara, 2014).

a) Primer ciclo: seis a ocho años.

Son creativos, entusiastas y muy activos desde un punto de vista motor. Tienen gran curiosidad por todo cuanto les rodea y aprenden de lo que tienen más cerca. Llevan a cabo un gran desarrollo de sus ámbitos cognitivo, psicomotor, personal, social y moral. Aumenta su capacidad de trabajo, atención y adquieren el lenguaje.

Motrizmente mejora el control postural o equilibrio y la respiración. La afirmación de su lateralidad es determinante, así como los aspectos coordinativos globales y óculo segmentarios, por mejora en su esquema corporal. Los factores contextuales influye en su comportamiento: voces, falta de concentración, hiperactividad, nerviosismo, etc. Aumenta la fuerza y resistencia de forma natural.

b) Segundo ciclo: ocho a diez años.

Continúa la mejora en sus ámbitos cognitivo, psicomotor, personal, social y moral. Hace acto de presencia la socialización, ayudada por el centro y familia. Empieza a relacionarse con los grupos sociales de su alrededor: barrio, comunidad, participantes en zonas de juegos, interacciones con los demás a través de redes sociales, etc.

Tiene ya conciencia de sí mismo, se cree mayor y se diferencia de los demás. Hace planes de futuro y se interesa por los demás. Es una época de ganancia en peso y estatura, sí como de condición física. La percepción espacial tiene ya gran nivel, por lo que es capaz de mejorar su habilidad en los juegos con móviles.

Necesitan jugar para satisfacer su capacidad de movimiento y de relaciones con los demás.

c) Tercer ciclo: diez a doce años.

Se producen los mayores cambios de desarrollo físico y motor y comienzan los primeros brotes de pubertad, sobre todo en las niñas, que adquieren antes (entre uno y dos años) más masa corporal. Se integran en grupos donde los intereses sexuales van apareciendo, haciendo en muchas ocasiones caso de sus consejos, por lo que debemos estar atentos a los mismos, junto a sus familias, para evitar conductas no deseadas, máxime con la influencia que ejercen los demás a través de las redes sociales.

Se hacen críticos con los adultos merced a los conocimientos que ya tienen. El pensamiento formal se está consolidando y el desarrollo psicomotor consiste en un aumento de la fuerza en ellos y de la flexibilidad en ellas. Los cambios producidos les llevan a establecer comparaciones, por lo que establecerán grupos en función de la apariencia y potencial físico-deportivo.

Los factores externos determinarán, en gran parte, los comportamientos de estos pre adolescentes.

**B) Características del alumnado de Primaria -resumen para toda la Etapa-.** (Zagalaz, Cachón y Lara, 2014).

El alumnado de Primaria presenta unas características similares para la franja de edad de 6-12 años, si bien las diferencias más significativas son las de tipo físico de la pre adolescencia, alrededor de los 11 años.

\* **Desarrollo físico y motor**:
   a) buena salud con posibles deficiencias sensoriales y enfermedades contagiosas o derivadas de una alimentación pobre.
   b) Desarrollo perceptivo: esquema corporal propio y del compañero. Percepción de la capacidad de rendimiento.
   c) Progresos en la interacción espaciotemporal con interpretación del movimiento y de la velocidad.
   d) Gran desarrollo de las habilidades motrices: correr, saltar, etc.
   e) Interés por la competición.
   f) Diferencias moderadas entre sexos.

\* **Características cognoscitivas**:
   a) Representación de objetos y acciones mediante signos.
   b) Reducción del animismo e incremento del realismo.
   c) Principio de conservación e identidad.
   d) Autonomía.
   e) Capacidad de resolver problemas concretos en forma lógica.
   f) Creatividad creciente.

\* **Habilidades comunicativas**: incremento de recursos de comunicación verbal y no verbal, de posibilidades de comunicación en diferentes contextos, con personas distintas.

\* **Características del desarrollo moral**:

   a) Progreso hacia una moral de cooperación: flexibilidad y papel activo en su elaboración (aceptación del grupo).
   b) Cumplimiento de las normas para lograr la aceptación de los demás (aceptación y respeto por otros equipos deportivos).
   c) Dificultad para ponerse en el lugar del otro.

\* **Características del desarrollo personal y social**: estabilidad emocional e importancia del grupo de iguales en el desarrollo de las capacidades, en la seguridad afectiva y en la construcción del auto concepto.

www.ingramcontent.com/pod-product-compliance
Lightning Source LLC
Chambersburg PA
CBHW081136170426
43197CB00017B/2876